Holm Buchner

Schon mal gehört?

Musik für Deutschlerner

Ernst Klett Sprachen
Stuttgart

1. Auflage 1 5 4 3 | 2013 12 11

Alle Drucke dieser Auflage sind unverändert und können im Unterricht nebeneinander verwendet werden. Die letzte Zahl bezeichnet das Jahr des Druckes.

www.klett.de

Autor: Holm Buchner

Redaktion: Jutta Klumpp-Stempfle, K. Wolfgang Walther
Layoutkonzeption: Elmar Feuerbach
Gestaltung und Satz: Regina Krawatzki, Stuttgart
Umschlaggestaltung: Elmar Feuerbach
Titelbild: Corbis GmbH / Simon D. Warren/zefa
Druck und Bindung: Medienhaus Plump GmbH, Rheinbreitbach
Printed in Germany

ISBN: 978-3-12-675084-4

9 783126 750844

DaF-Unterricht mit noch mehr Abwechslung, Schwung und Motivation!
Dieses Buch zeigt, wie deutsche Gegenwartsmusik verschiedener Musikrichtungen so eingesetzt wird, dass sich in der Wortschatz- und Grammatikarbeit große Fortschritte erzielen lassen.
Die Lieder mit ihren Aufgaben und Übungen sind darüber hinaus willkommene Sprechanlässe, Ausspracheübungen und dienen zusätzlich der Entspannung und der Unterhaltung.

Die beiliegende **CD** enthält **zehn Lieder**. Im **Buch** finden sich die dazugehörenden **Texte** mit Aufgaben. Außerdem nennt das Buch Aufgaben zu **weiteren fünf Liedern** sowie **Empfehlungen** zu weiteren **25** geeigneten **Titeln**, die in ähnlicher Weise im Unterricht bearbeitet werden können. Dazu werden **Internetadressen** zum legalen Downloaden der Musik angegeben. Und zu allen Aufgaben gibt es die Lösungen im Buch.

Die Arbeit mit dem Buch ist einfach: Das Inhaltsverzeichnis gibt jeweils die Niveaustufen (A1-C2) der Aufgaben als Empfehlungen an und nennt die Übungsschwerpunkte (z. B. Deklination, Konjunktiv, Arbeit mit Synonymen und Antonymen usw.).
Aufgaben und Übungen gibt es zum **Hörverstehen** , zum **Wortschatz** **WS**, zur **Grammatik** **GR** und zum Leseverstehen als **Internetrecherche** @ .
Die Aufgaben und Übungen sind besonders gut zur Festigung und Wiederholung geeignet. Man kann auch einzelne herausgreifen, neu zusammenstellen und für die Schüler/Kursteilnehmer kopieren oder rasch an der Tafel notieren.
Wahlweise lassen sich mit den Seiten des Buches Unterrichtseinheiten gestalten oder auch nur kurze unterhaltsame Impulse für fünf, zehn oder zwanzig Minuten – ganz wie es die Unterrichtssituation erfordert.
Der **Kommentar** am Rand enthält Tipps zum Einsatz im Unterricht.
Beim **Hörverstehen** können Techniken wie das Suchen von Signalwörtern, Orientierung über W-Fragen oder das Ordnen von Textteilen trainiert werden. Es gibt z. B. leichte Übungen, bei denen die Signalwörter identisch mit dem Text sind, und schwierigere, in denen sie abweichen. Richtig-Falsch-Übungen und Ergänzungsübungen entsprechen aktuellen **Prüfungsaufgaben** und **-techniken**, die hier auf unterhaltsame Art und Weise **trainiert** werden können.
Aus Rechtsgründen konnten die Original-Liedtexte hier leider nicht als Lückentexte abgedruckt werden. Man kann sie bei Bedarf jedoch jeweils selbst herstellen und für den Unterricht vervielfältigen. Entsprechende Hinweise und Anregungen werden in den Aufgaben und Hinweisen genannt.
Aus pädagogischen Überlegungen haben wir die Liedtexte - manchmal anders als im Original und mit Ausnahmen der Zeilenanfänge - mit der korrekten Rechtschreibung und Zeichensetzung abgedruckt.

Die Aufgaben zum **Wortschatz** **WS** sind vielfältig und abwechslungsreich: Nomen-Verb-Findung, Nominalisierungsübungen, Aufgaben zu Singular und Plural, Interpretation von Wörtern und Redewendungen sowie Anregungen zum Reimen sind nur einige Beispiele. Die Wortschatzarbeit hilft bei der inhaltlichen Erschließung der Liedtexte.

Mit den **Grammatik-Aufgaben** **GR** lassen sich die Übungsschwerpunkte ergänzen und auflockern. Zuerst stellt man z. B. die Höraufgabe, stellt anschließend eine kleine Wortschatzaufgabe und lässt dann das grammatikalische Problem entdecken. So ergibt sich eine andere Akzeptanz des Bereichs Grammatik und man erzielt erstaunliche Ergebnisse, die sich auf anderem Weg nicht eingestellt hätten. Dafür kann man immer mal wieder auf bereits bekannte Lieder zurückgreifen, denn wenn der Textinhalt bereits bekannt ist, kann man sich schneller auf den gewünschten Übungsinhalt konzentrieren.

Bei der **Internetrecherche** @ können verschiedene Leseverfahren (global, detailliert, selektiv, kursorisch) angewandt werden. Außerdem übt man dabei mit verschiedenen Aufgaben auch Hörverstehen und Schreiben, etwa wenn die Schüler/Kursteilnehmer bei YouTube ein Lied als Video sehen, hören und den Text mitschreiben (z. B. bei Sido, „Augen auf"). Je nach Bedarf kann man anhalten, schreiben, weiter hören, anhalten, schreiben usw. Jeweils vor dem Unterricht sollte geprüft werden, ob die angegebenen Internetseiten aktiv sind, gerade gepflegt werden oder durch andere ersetzt wurden; bei Redaktionsschluss standen alle hier genannten uneingeschränkt zur Verfügung.
Aufgaben und Übungen der Internetrecherchen sind so angelegt, dass man nicht länger als eine Stunde daran arbeitet.

Beim Schreibraum der Aufgaben und Übungen wurde bewusst Platz gespart; hier kann man bei Bedarf kopieren oder in Heft/Ordner übertragen und dort lösen bzw. bearbeiten lassen.
Die Internetaufgaben sind Sprechanlässe entweder für Partnerarbeit oder in der Auswertung im Klassenverband. Auf diese Weise oder auch durch Aufgaben wie „Sprechen Sie darüber mit Ihrem Nachbarn" wird die mündliche Kommunikation angeregt.

Phonetische Übungen sind nicht gesondert ausgewiesen, finden jedoch beim Hören und Mitsingen der Lieder immer wieder statt.

Material, Aufgaben und Übungen zur **schriftlichen Produktion** sind ebenfalls in genügender Anzahl genannt (z. B. werden immer wieder eigene Beispielsätze gefordert). Projekte können vergeben werden, deren Ergebnisse man anschließend referiert.
Einfache Redemittel für verschiedene Kommunikationsabsichten (z. B. Referat, Statistik, eigene Meinung, ...) werden im Buch genannt.

Im **Kommentar** finden sich Tipps und Hinweise, etwa welche Übungen kombiniert und welche Techniken trainiert werden können. Es gibt Vorschläge und Anregungen, welche Aufgaben zusätzlich formuliert und wie sie in den Unterricht integriert werden könnten.

Die außerdem genannten **25 Liedtitel ohne Text und Musik** sind so gewählt, dass sie gut zu den im Buch abgedruckten passen und sich auch schnell organisieren lassen. Auf den Downloadseiten stehen Lieder, die für ca. 1, -€ erworben werden können. Manche von diesen Liedern finden sich auch bei YouTube sogar als Video. Im Buch sind die entsprechenden Internetseiten genannt (z. B. bei YouTube, „Irgendwas bleibt" von Silbermond).

Bei Interesse an weiteren Übungen zum Hören und Lesen über Musik wird man auf den Internetseiten verschiedener Radiostationen fündig, etwa von Christina Stürmer:
http://www.energy.de/portal/music/2009-03/christinastuermerimtalk/index.html
http://www.radioenergy.tv/de/videodirectlink/789-christina-stuermer-im-talk.html.

Sänger(in) / Band	Lied	Aufgaben	Seite	Niveau
Gerhard Schöne S. 12–15	In die Federn - husch, husch CD: Lied 1	Originaltext	12	
		1 (richtig/falsch)	13	A2
		2 (A,B,C)	13	B1
		3 (Korrektur)	15	B1
		4 (Strophen ordnen)	15	A1
		WS 1 (antonymische Paare)	13	A1
		WS 2 (Interpretation)	13	A1
		WS 3 (Nomen/Verb/Adjektiv)	15	B1
		GR 1 (Präpositionen)	14	B1
		GR 2 (Konjugation der Verben)	14	A1
		GR 3 (Plural/Singular)	15	A1
		GR 4 (Konnektoren „als"/„wenn")	15	B1
		@ 1 (Internetarbeitsblatt)	14	A2

Sänger(in) / Band	Lied	Aufgaben	Seite	Niveau
Herbert Grönemeyer S. 16–19	Mensch CD: Lied 2	Originaltext	16	
		1 (Lückentext/Notizen)	17	A2 / B1
		2 (Notizen)	17	B1
		3 (A,B,C)	17	B1
		4 (richtig/falsch)	19	B1
		WS 1 (eigene Überlegung)	17	B1
		WS 2 (Wortbildung)	17	B2
		WS 3 (Synonyme)	17	B2
		WS 4 (Wortbildung)	19	B1
		GR 1 (Kausalsätze „weil")	18	A1
		GR 2 (Kausalsätze „denn")	18	A2
		GR 3 (Kausalsätze „nämlich")	18	B1
		GR 4 (Kausalsätze „deshalb")	18	B2
		GR 5 (Kausalsätze „wegen")	18	B2
		GR 6 (Kausalsätze)	18	B2
		GR 7 (Präteritum/Partizip II)	19	A1
		GR 8 (Konditionalsätze)	19	A2
		@ 1 (Internetarbeitsblatt)	18	A2

Sänger(in) / Band	Lied	Aufgaben	Seite	Niveau
Ganz Schön Feist S. 20–23	Es ist gut, wenn du weißt CD: Lied 3	Originaltext	20	
		1 (Notizen, Interpunktion)	21	B1
		2 (A,B,C)	21	A2
		3 (Wortgruppen ordnen)	23	A2
		4 (Lücken)	23	A2 / B1
		WS 1 (Modalverben)	21	A2
		WS 2 (synonymische Umschreibung)	21	B1
		WS 3 (Reime)	23	C1

Sänger(in) / Band	Lied	Aufgaben	Seite	Niveau
Ganz Schön Feist S. 20–23	Es ist gut, wenn du weißt CD: Lied 3	WS 4 (Adjektiv-Nomen-Kombination)	23	A1
		WS 5 (Graduierung Adjektiv)	23	A2
		GR 1 (Kommasetzung)	22	B1
		GR 2 (Konjugation der Verben)	22	A2
		GR 3 (Deklination)	22	A2
		GR 4 (Konjunktiv II Gegenwart)	22	B1
		GR 5 (Konjunktiv II Vergangenheit)	23	B1
		GR 6 (Reflexivpronomen)	23	A2
		@ 1 (Internetarbeitsblatt)	22	A2

Sänger(in) / Band	Lied	Aufgaben	Seite	Niveau
Die Fantastischen Vier S. 24–27	MfG (Mit freundlichen Grüßen) CD: Lied 4	Originaltext	24	
		1 (Notizen)	25	A1
		2 (Lücken)	25	A1
		3 (Zeilen ordnen)	27	B1
		WS 1 (Landeskunde)	25	A1
		WS 2 (Wörterbucharbeit)	25	B1
		WS 3 (Landeskunde)	25	C1
		WS 4 (Interpretation/Landeskunde)	27	C1
		WS 5 (Komposita)	27	C1
		GR 1 (Artikel)	26	A1
		GR 2 (Artikel)	26	A1
		GR 3 (Kausalsätze)	26	B1
		GR 4 (Nebensatz vor Hauptsatz)	26	B1
		GR 5 (Artikel)	27	A2
		@ 1 (Internetarbeitsblatt)	26	B2

Sänger(in) / Band	Lied	Aufgaben	Seite	Niveau
Tokio Hotel S. 28–31	Monsun CD: Lied 5	Originaltext	28	
		1 (Notizen)	29	A2
		2 (Korrektur)	29	B1
		3 (Notizen)	31	C1
		WS 1 (Antonyme)	29	B1
		WS 2 (Synonyme)	29	B2
		WS 3 (Wörter zum Thema)	31	A1
		WS 4 (Präfixe + Verben)	31	C1
		GR 1 (Präpositionen)	30	A2/B1
		GR 2 (Konjugation der Verben)	30	A1
		GR 3 (Präposition/Deklination)	31	A2
		GR 4 (Konjugation)	31	A1
		GR 5 (Artikel/Plural)	31	A1/B1
		@ 1 (Internetarbeitsblatt)	30	B2

Sänger(in) / Band	Lied	Aufgaben		Seite	Niveau
Christina Stürmer S. 32–35	Lebe lauter CD: Lied 6	Originaltext		32	
			1 (Notizen)	33	B1
			2 (Korrektur)	33	B2
			3 (richtig/falsch)	35	B1
		WS	1 (Textinfos sammeln)	33	B1
		WS	2 (Modalverb „möchten“)	33	A2
		WS	3 (Interjektionen)	33	A1
		WS	4 (Interjektion und Bedeutung)	33	B2
		WS	5 (Synonyme)	35	C1
		WS	6 (Nomen, Adjektive, Antonyme)	35	B1
		GR	1 (Empfehlung)	34	B1
		GR	2 (Konjunktiv II/Konditionalsatz)	34	B1
		GR	3 (Imperativ „Du“/„Sie“/„Ihr“)	34	A1
		GR	4 (Wofür/Für wen?)	35	B1
		GR	5 (Verben mit Präpositionen)	35	B2
		@	1 (Internetarbeitsblatt)	34	C1

Sänger(in) / Band	Lied	Aufgaben		Seite	Niveau
Clueso S. 36–39	Lala- Ich bin verliebt CD: Lied 7	Originaltext		36	
			1 (richtig/falsch)	37	A2
			2 (Lücken ergänzen)	37	A1
			3 (Notizen)	39	A2
		WS	1 (Synonyme)	37	B1/C1
		WS	2 (Landeskunde)	37	A1
		WS	3 (Antonyme)	37	B1
		WS	4 (Wortbedeutung von „laufen“)	39	B1
		WS	5 (Nomen-Verb-Verbindung mit „haben“)	39	B2
		WS	6 (Nomen-Verb-Verbindung mit „machen“)	39	B2
		WS	7 (Nomen-Verb-Verbindung)	39	B1
		GR	1 (trennbare Verben)	38	A2
		GR	2 (trennbare Verben)	38	A2
		GR	3 (trennbare Verben)	38	A2
		GR	4 (Wofür/Für wen?)	38	B1
		@	1 (Internetarbeitsblatt)	38	A2/B1

Sänger(in) / Band	Lied	Aufgaben		Seite	Niveau
Clueso S. 40–43	Chicago CD: Lied 8	Originaltext		40	
			1 (A,B,C)	41	A2
			2 (Schreibübung)	41	A1
			3 (richtig/falsch)	43	B1
			4 (richtig/falsch)	43	B2
		WS	1 (Synonyme/Interpretation)	41	B2
		WS	2 („Süchte“ andere Formen Empfehlungen)	41	B2

Sänger(in) / Band	Lied	Aufgaben	Seite	Niveau
Clueso S. 40 – 43	Chicago CD: Lied 8	WS 3 (Zuordnungsaufgabe)	43	B2
		GR 1 (Präpositionen)	42	B2
		GR 2 (Konjunktiv II Gegenwart/Vergangenheit)	42	B2
		GR 3 (Kommasetzung)	43	B1
		@ 1 (Internetarbeitsblatt)	42	B2

Sänger(in) / Band	Lied	Aufgaben	Seite	Niveau
Xavier Naidoo S. 44 – 47	Dieser Weg CD: Lied 9	Originaltext	44	
		1 (Notizen)	45	B1
		2 (A,B,C)	45	A2
		3 (Prüfungstraining, Notizen)	47	B1
		WS 1 (Synonyme)	45	B2
		WS 2 (Kontextwörter)	45	C1
		WS 3 (Reimwörter)	47	C1
		WS 4 (Textproduktion)	47	C1
		WS 5 (Attribute)	47	A2
		GR 1 (Präteritum/Perfekt)	46	A2
		GR 2 (A,B,C)	46	B1
		GR 3 (Deklination von Personalpronomen)	47	A2
		GR 4 (Deklination von Reflexivpronomen)	47	A2
		GR 5 (Präteritum)	47	A2
		@ 1 (Internetarbeitsblatt)	46	B1/B2
		@ 2 (Internetrecherche)	47	C1

Sänger(in) / Band	Lied	Aufgaben	Seite	Niveau
Peter Fox S. 48 – 51	Haus am See CD: Lied 10	Originaltext	48	
		1 (richtig/falsch)	49	B2
		2 (Notizen)	49	A1
		3 (Notizen)	51	B2
		4 (Strophen ordnen)	51	A1
		WS 1 (Kontextwörter)	49	A1
		WS 2 (Textproduktion)	49	A1
		WS 3 (Komposita)	49	A1
		WS 4 (Vorsilben+Verben)	51	B2
		WS 5 (Synonyme)	51	B2
		GR 1 (Verben konjugieren)	50	A1
		GR 2 (Verbbedeutung)	50	B1
		GR 3 (Deklination von Pronomen)	51	A2
		@ 1 (Internetarbeitsblatt)	50	B2

Lieder 11–15 ohne Abdruck der Liedtexte

Sänger(in) / Band	Lied 11	Aufgaben	Seite	Niveau
Die Ärzte S. 52–53	Junge	1 (Notizen)	52	A2
		2 (Notizen)	52	C1
		WS 1 (Synonyme zuordnen)	52	B2
		WS 2 (Synonyme/Adjektive)	52	B1
		WS 3 (Statistik erstellen)	53	A2
		WS 4 (Textproduktion)	53	A2
		GR 1 (Verben + Präpositionen)	53	B1
		GR 2 (Satzbau/Konjunktiv I)	53	B1/B2

Sänger(in) / Band	Lied 12	Aufgaben	Seite	Niveau
Die Prinzen S. 54–55	Vergammelte Speisen	1 (Notizen)	54	A2
		2 (Notizen)	54	B2
		WS 1 (Reimwörter finden)	54	C1
		WS 2 (Nomen-Verb Verbindung)	54	C1
		WS 3 (Nachsilbe „-chen“)	54	A2
		WS 4 (Synonyme)	54	B1
		GR 1 (Partizipialkonstruktionen/Relativsätze Umformung)	55	B2
		GR 2 (Relativsätze/Partizipialkonstruktionen Umformung)	55	B2
		GR 3 (Erweiterung der Partizipialkonstruktionen)	55	C1

Sänger(in) / Band	Lied 13	Aufgaben	Seite	Niveau
Roland Kaiser S. 56–57	Wind auf der Haut und Lisa	1 (Notizen)	56	A1
		2 (richtig/falsch)	56	A1
		WS 1 (Wörter zuordnen)	56	A1
		WS 2 (Komposita)	56	A1
		WS 3 (Antonyme)	56	A2
		GR 1 (Konjugation)	57	A1
		GR 2 (Zeitformen bestimmen)	57	A2
		@ 1 (Internetarbeitsblatt)	57	A2

Sänger(in) / Band	Lied 14	Aufgaben	Seite	Niveau
Silbermond S. 58–59	Irgendwas bleibt	1 (A, B, C)	58	A2
		WS 1 (Interpretation)	58	C1
		GR 1 (Indefinitpronomen)	59	B1
		GR 2 (Deklination)	59	A2
		@ 1 (Internetarbeitsblatt)	59	B1

Sänger(in) / Band	Lied 15	Aufgaben	Seite	Niveau
Sido S. 60 – 61	Augen auf	1 (Notizen/Zahlen)	60	A1
		2 (Notizen)	60	C1
		WS 1 (Nomen-Verb-Verbindungen)	60	B2
		GR 1 (Zeitformen)	61	A2
		GR 2 (Sätze vervollständigen)	61	B2
		@ 1 (Internetarbeitsblatt)	61	B1

Sänger: Gerhard Schöne

Titel: In die Federn, husch, husch

Blumen schließen ihre Blüten und der Himmel färbt sich rot.
Müde kaut das weiße Zicklein vor dem Haus sein Abendbrot.
Im Aquarium gähnt der Goldfisch, Igel schnarchen unterm Busch.
Und auch ich muss in die Federn, in die Federn, husch, husch.

Dabei bin ich gar nicht müde, schau noch mal zum Fenster raus:
Unser Nachbar fährt zur Nachtschicht, jemand führt den Dackel aus.
Und der kläfft zu uns herüber, denn vorm Haus liegt Kater Musch.
Schade, ich muss in die Federn, in die Federn, husch, husch.

Meine Eltern in der Stube sehen noch ein bisschen fern.
Ob ich noch mal rübergehe? Nein, das haben sie nicht gern.
Jetzt hör ich sie leise kichern, die Kapelle spielt ´nen Tusch.
Doch ich muss jetzt in die Federn, in die Federn, husch, husch.

Blumen schließen ihre Blüten und der Himmel färbt sich rot.
Auf dem Bächlein durch die Wiesen lenkt der Traummann jetzt sein Boot.
Ich seh ihn vorm Fenster stehen, er pflückt Träume aus dem Busch.
Und wirft sie mir in die Federn, in die Federn, husch, husch.

1. Kreuzen Sie an. Ist die Aussage richtig (r) oder falsch (f)?

Kann man auch vorentlasten durch Aufgabe **WS** *1.* (ab **A2**)

	r	f
1. Blumen öffnen ihre Blüten.	☐	☐
2. Der Himmel färbt sich rot.	☐	☐
3. Müde kaut das weiße Zicklein sein Frühstück.	☐	☐
4. Igel schnarchen unterm Busch.	☐	☐
5. Der Nachbar fährt zur Frühschicht.	☐	☐
6. Vorm Haus liegt die Katze Musch.	☐	☐
7. Die Eltern sind in der Küche.	☐	☐
8. Auf dem Bächlein durch die Wiesen lenkt der Traummann sein Boot.	☐	☐
9. Er pflückt Träume aus dem Busch.	☐	☐
10. Er wirft sie in sein Boot.	☐	☐

2. Kreuzen Sie die richtige Antwort an.

Schult genaues Hören. (ab **B1**)

1. Müde kaut das weiße Zicklein…	a) im Haus	b) vorm Haus	c) hinterm Haus
2. Im Aquarium gähnt …	a) das Goldfisch	b) die Goldfisch	c) der Goldfisch
3. …, schau noch mal zum Fenster …	a) raus	b) rein	c) rüber
4. Unser Nachbar fährt zur …	a) Spätschicht	b) Frühschicht	c) Nachtschicht
5. … vor dem Haus liegt …	a) Kater Musch	b) Katze Musch	c) ein Dackel
6. Meine Eltern in der Stube…	a) sehen fern	b) hören Musik	c) reden
7. Ich muss …	a) in mein Zimmer	b) auf die Toilette	c) in die Federn
8. … und der Himmel färbt sich…	a) grün	b) rot	c) blau
9. … lenkt der Traummann …	a) sein Boot	b) sein Schiff	c) sein Kanu
10. Er pflückt …	a) Äpfel	b) Orangen	c) Träume

1. Tragen Sie die Gegensatzpaare in die Tabelle ein.

WS (ab **A1**)

die Nachtschicht | der Kater | müde | leise | das Abendbrot | der Traummann | auf | raus | öffnen | die Frühschicht | die Katze | schließen | laut | munter | rein | unter | das Frühstück | die Traumfrau

Wort	Antonym
1. die Nachtschicht	die Frühschicht
2.	
3.	
4.	
5.	
6.	
7.	
8.	
9.	

2. Welche Tageszeit wird mit den Wörtern „müde", „gähnt", „schnarchen", „Nachtschicht", „Traummann", „Träume" angesprochen? **a)** Antwort: ______________________________

WS *Kleine Interpretation auch für* **A1**.

Was bedeutet dann der Satz: „Und auch ich muss in die Federn, in die Feder husch, husch."?
Wohin geht man, wenn man müde ist? **b)** Antwort: ______________________________

GR

Multiple-Choice-Aufgabe. Kontrolle durch Text möglich. (ab **B1**)

1. Entscheiden Sie: Welche Präposition ist richtig?

1. Müde kaut das weiße Zicklein ________ dem Haus.	a) vor	b) mit	c) für
2. ________ Aquarium gähnt der Goldfisch.	a) über	b) ohne	c) im
3. Igel schnarchen ________ Busch.	a) statt	b) unterm	c) wegen
4. Ich muss ________ die Federn.	a) in	b) gegen	c) nach
5. Ich schau ________ Fenster raus.	a) beim	b) in das	c) zum
6. Der Nachbar fährt ________ Nachtschicht.	a) zur	b) gegen	c) bei
7. ________ Haus liegt Kater Musch.	a) vorm	b) ohne	c) zum
8. Meine Eltern ________ der Stube sehen fern.	a) auf	b) in	c) unter
9. ________ dem Bächlein fährt der Traummann Boot.	a) gegen	b) ohne	c) auf
10. Er pflückt Träume ________ dem Busch.	a) zwischen	b) entlang	c) aus

GR

Helfen Sie bei der Subjektfindung oder lassen Sie die Subjekte zuerst unterstreichen. (ab **A1**)

2. Ergänzen Sie das konjugierte Verb.

1. Blumen ____________ ihre Blüten.	/ schließen
2. Der Himmel ____________ sich rot.	/ färben
3. Im Aquarium ____________ der Goldfisch.	/ gähnen
4. Ich ____________ in die Federn.	/ müssen
5. Ich ____________ nicht müde.	/ sein
6. Vorm Haus ____________ Kater Musch.	/ liegen
7. Nein, die Eltern ____________ das nicht gern.	/ haben
8. Der Traummann ____________ sein Boot.	/ lenken
9. Unser Nachbar ____________ zur Nachtschicht.	/ fahren
10. Der Vater ____________ noch ein bisschen fern.	/ sehen

@

Überprüfen Sie, ob die Internetseiten aktivierbar sind (mit Hilfestellung ab **A2**). *Auch wenn nicht alles durchdrungen wird, so kann das Sammeln von Informationen im Internet ein motivierendes Erlebnis sein. Schlagwörter lesen lernen.*
Achtung: Diese Fragen sind ein Angebot. Teilen Sie die Aufgaben unter den Teilnehmern auf. Diese können dann im Plenum die Ergebnisse vorstellen.

1. Recherchieren Sie im Internet.

Suchen Sie die Internetseite www.blinde-kuh.de. Geben Sie das Stichwort „Schlaf" ein und suchen Sie den Beitrag „Warum eigentlich" (http://www.br-online.de/kinder/fragen-verstehen/wissen/2004/00428/).

1. Was werden wir alle irgendwann einmal?	
2. Wie lange schlafen Babys und wie verarbeiten sie die vielen Eindrücke?	
3. Wer ist der Chef über den Schlaf? Was sendet er aus und das ist, „ …"?	
4. Was wird ruhiger, entspannt sich, wer ruht sich aus und was sinkt?	• • • •
5. Was wird nochmal angeschaut? http://www.br-online.de/kinder/fragen-verstehen/wissen/2006/01637/index.shtml	
6. Warum ist träumen wichtig?	
7. Wer wird ausgeschaltet?	
8. Wobei kann das Träumen helfen?	
9. Wie viele Schlafphasen gibt es? Wie unterscheiden sie sich?	
10. In welcher Phase träumen wir?	
11. Welche Einschlaftipps finden Sie gut? Sprechen Sie mit Ihrem Nachbarn. Geben Sie Tipps.	

3. Unterstreichen Sie die falschen Wörter. Korrigieren Sie beim zweiten Hören.

	Originalwort
1. Blumen öffnen ihre Blüten.	______
2. Munter kaut das weiße Zicklein.	______
3. Dabei bin ich gar nicht munter.	______
4. Unser Nachbar fährt zur Frühschicht.	______
5. Hinterm Haus liegt Katze Musch.	______
6. Nein, das haben sie sehr gern.	______
7. Jetzt hör ich sie laut kichern.	______
8. Der Himmel färbt sich schwarz.	______
9. Durch die Wiesen lenkt die Traumfrau das Boot.	______
10. Ich seh ihn hinterm Fenster stehen.	______

Präparieren Sie einen „falschen" Text ähnlich wie in dieser Aufgabe. (ab **B1**)

4. Welche Strophe singt Gerhard Schöne zuerst, dann, danach? Ordnen Sie den Text.

Präparieren Sie einen Text. Als Gruppenarbeit mit Folie, als Partnerarbeit zu zweit mit einer Kopie. (ab **A1**)

3. Ergänzen Sie die Tabelle.

WS

(ab **B1**)

Nomen	**Verb**	**Adjektiv/Partizip II**
	färben	
		müde
	ausführen	
		schädlich
	sehen	
	lenken	
Traum		
	werfen	

3. Nennen Sie entweder Plural oder Singular.

GR

(ab **A1**)

	Singular	**Plural**		**Singular**	**Plural**
1.	die Blume		6.		die Häuser
2.	die Blüte		7.		die Traummänner
3.		die Goldfische	8.		die Boote
4.	die Feder		9.	der Traum	
5.	der Nachbar		10.		die Büsche

4. Ergänzen Sie „als" oder „wenn".

GR

Übung zum Gebrauch von „als" und „wenn". (ab **B1**)

1. ________ ich gestern ins Bett gegangen bin, war ich total müde.
2. ________ ich ins Bett gehe, bin ich müde.
3. ________ er in den Urlaub fährt, passiert ihm ein Unglück.
4. ________ er im Urlaubsort angekommen war, bemerkte er den Verlust seines Gepäcks.
5. ________ sie gelernt hatte, ruhte sie sich aus.
6. ________ sie lernt, fällt ihr ein, was sie noch alles im Haushalt machen muss.
7. ________ er feiert, geht es ihm danach schlecht.
8. ________ der Junge angekommen war, war das Fußballspiel vorbei.
9. Wir waren gestern im Kino. ________ der Film zu Ende war, haben alle geweint.
10. ________ ich träume, träume ich von dir.

Sänger: Herbert Grönemeyer

Titel: Mensch

Momentan ist richtig,
Momentan ist gut.
Nichts ist wirklich wichtig,
Nach der Ebbe kommt die Flut.
Am Strand des Lebens,
Ohne Grund, ohne Verstand,
Ist nichts vergebens.
Ich bau die Träume auf den Sand.
Und es ist,
Es ist ok,
Alles auf dem Weg.
Und es ist Sonnenzeit,
Unbeschwert und frei.
Und der Mensch heißt Mensch,
Weil er vergisst, weil er verdrängt,
Weil er schwärmt und stählt,
Weil er wärmt, wenn er erzählt,
Weil er lacht, weil er lebt, du fehlst.

Das Firmament hat geöffnet,
Wolkenlos und ozeanblau,
Und Telefon, Gas, Elektrik,
Unbezahlt und das geht auch.
Teil mit mir deinen Frieden,
Wenn auch nur geborgt.
Ich will nicht deine Liebe,
Ich will nur dein Wort.
Und es ist,
Es ist ok,
Alles auf dem Weg.
Und es ist Sonnenzeit,
Ungetrübt und leicht.
Und der Mensch heißt Mensch,
Weil er irrt und weil er kämpft,
Weil er hofft und liebt,
Weil er mitfühlt und vergibt
Und weil er lacht und weil er lebt, du fehlst,
Oh, weil er lacht, weil er lebt, du fehlst.

Es ist ok,
Alles auf dem Weg.
Und es ist Sonnenzeit,
Ungetrübt und leicht,
Und der Mensch heißt Mensch,
Weil er vergisst, weil er verdrängt
Und weil er schwärmt und glaubt,
Sich anlehnt und vertraut
Und weil er lacht, weil er lebt, du fehlst.
Ist schon ok,
Es tut gleichmäßig weh.
Es ist Sonnenzeit,
Ohne Plan, ohne Geleit.
Der Mensch heißt Mensch,
Weil er erinnert, weil er kämpft,
Weil er hofft und liebt,
Weil er mitfühlt und vergibt
Und weil er lacht und weil er lebt, du fehlst,
Oh, weil er lacht, weil er lebt, du fehlst.

„Mensch": Text und Musik: Herbert Grönemeyer

1. Warum heißt der Mensch Mensch? Hören und notieren Sie.

1. ______________ / 2. ______________ / 3. ______________ / 4. ______________ / 5. ______________

____

____

____

____

Machen Sie auf das Signalwort „weil" aufmerksam. (ab **B1**). *Sammeln Sie die Ergebnisse an der Tafel.*
Dann weiter mit **WS** *1. Präparieren Sie einen Lückentext.* (ab Ende **A2**).

2. Hören Sie. Beantworten Sie die Fragen in Stichpunkten.

(ab **B1**)

1. Was ist momentan? ______________ / ______________
2. Was ist wirklich wichtig? ______________
3. Was kommt nach der Ebbe? ______________
4. Wohin baut der Mensch die Träume? ______________
5. Welche Zeit ist? ______________
6. Was hat geöffnet? ______________
7. Was soll man teilen? ______________
8. Was will der Mensch nicht? ______________
9. Was will der Mensch? ______________
10. Wie tut es weh? ______________

3. Kreuzen Sie die richtige Antwort an.

(ab **B1**)

Schult genaues Hören. (ab **B1**)

1. Momentan ist A) alles schlecht B) alles egal C) alles gut und richtig	6. Wie ist das Firmament A) voller Wolken B) wolkenlos und ozeanblau C) verregnet und ozeanblau
2. Nach der Ebbe kommt A) die Sonne B) die Flut C) der Mond	7. Was soll geteilt werden? A) Geld B) die Sorgen C) Frieden
3. Er baut die Träume A) auf den Strand B) in den Sand C) auf den Sand	8. Was will er? A) die Liebe B) das Wort C) ein Geschenk
4. Es ist A) Winterzeit B) Sommerzeit C) Sonnenzeit	9. Wie tut es weh? A) gleichmäßig B) unterschiedlich C) gar nicht
5. Das Firmament ist A) geschlossen B) geöffnet C) verschlossen	10. Wer fehlt? A) die Mutter B) du C) das Kind

1. Warum heißt der Mensch Mensch? Was ist Ihre Antwort auf diese Frage? Was fehlt Ihrer Meinung nach? Notieren Sie.

WS

Nach **HV** *1 als Erweiterung. Notieren Sie die Frage an der Tafel.* (ab **B1**)

2. Vervollständigen Sie die Tabelle.

WS

Weisen Sie auf die Möglichkeiten der Nominalisierungstechniken hin: z. B. das + Großschreibung, Wortstamm, Präteritumform als Nomen, Endungen -tum, -ung, und aus der Partizip II-Bildung. Oder Sie formulieren eine Aufgabe dazu: „Welche Regeln können Sie erkennen, wenn Sie Nomen bilden?" (ab **B1**)

Verb	Nomen	Verb	Nomen
	die Flut	wärmen	
leben		erzählen	
	der Verstand		das Lachen
	der Traum		der Irrtum
vergessen		mitfühlen	

3. Ordnen Sie zu. Wie kann man das auch sagen?

WS

(ab **B2**)

Fehler machen | an einer Idee festhalten | Geborgenheit geben | Leid teilen | etwas Unangenehmes wegschieben | sich für eine Sache einsetzen

1. wärmen ______________ 2. irren ______________
3. verdrängen ______________ 4. mitfühlen ______________
5. kämpfen ______________ 6. glauben ______________

GR

Schreiben Sie die Aufgaben GR 1– GR 5 an die Tafel. Wählen Sie je nach Niveaustufe aus. (ab **A1**)

1. Formulieren Sie Kausalsätze mit „weil".

Beispiel: Der Mensch heißt Mensch, weil er auf das Glück hofft.

____

GR

Nutzen Sie die Ergebnisse aus der 1. (ab **A2**)

2. Formulieren Sie die Sätze aus GR1 um. Nutzen Sie den Konnektor „denn".

Beispiel: Der Mensch heißt Mensch, weil er auf das Glück hofft.
Der Mensch heißt Mensch, denn er hofft auf das Glück.

____

GR

Lassen Sie persönliche Beispielsätze formulieren. (ab **B1**)

3. Formulieren Sie die Sätze aus GR1 um. Nutzen Sie „nämlich".

Beispiel: Der Mensch heißt Mensch, weil er auf das Glück hofft.
Der Mensch heißt Mensch. Er hofft nämlich auf das Glück.

GR

(ab **B2**)

4. Formulieren Sie die Sätze aus GR1 um. Nutzen Sie „deshalb".

Beispiel: Der Mensch heißt Mensch, weil er auf das Glück hofft.
Der Mensch hofft auf das Glück, deshalb heißt er Mensch.

GR

(ab **B2**)

5. Formulieren Sie die Sätze aus GR1 um. Nutzen Sie die Präposition „wegen".

Beispiel: Der Mensch heißt Mensch, weil er auf das Glück hofft.
Wegen des Hoffens auf das Glück heißt der Mensch Mensch.

GR

Abschlussübung (ab **B2**).

6. Entscheiden Sie sich für „denn", „weil", „da", „wegen", „nämlich" oder „deshalb".

1. Der Mensch heißt Mensch, ____________ er hofft auf das Gute im Menschen.
2. ____________ der Mensch glaubt, heißt der Mensch Mensch.
3. Der Mensch heißt Mensch, er vergisst ____________ manche Dinge.
4. Der Mensch heißt Mensch, ____________ er gern lacht.
5. ____________ des Geschichten-Erzählens heißt der Mensch Mensch.
6. Der Mensch schwärmt gern, ____________ heißt der Mensch Mensch.

@

Signalwörter bieten Orientierung durch den Wikitext (mit gemeinsamer Erarbeitung am Beamer ab **A2**).

1. Recherchieren Sie im Internet.
Nutzen Sie die Informationen von www.wikipedia.de, um die Informationen zu Herbert Grönemeyer zu finden.

1. Geburtstag / Geburtsort	
2. Wie alt war er, als er Klavier lernte?	
3. Was ist sein zweites großes Interesse neben der Musik?	
4. In welchen Filmen hat er mitgespielt?	
5. Wann stellten sich erste große musikalische Erfolge ein und mit welchem Album?	
6. Welches sind weitere Alben und wann wurden sie veröffentlicht?	• • •
7. Welche ist die bislang erfolgreichste Single?	
8. Wie hieß das offizielle Lied zur Fußball-Weltmeisterschaft 2006? Suchen Sie bei www.google.de. Schauen Sie sich das Video unter www.youtube.de an.	

4. Ist die Aussage richtig (r) oder falsch (f)? Kreuzen Sie an.

	r	f
1. Momentan ist weder richtig noch gut.	☐	☐
2. Nach der Ebbe kommt die Flut.	☐	☐
3. Ich bau die Häuser auf den Sand.	☐	☐
4. Es ist Winterzeit.	☐	☐
5. Das Firmament ist geschlossen.	☐	☐
6. Für Telefon, Gas und Elektrik muss man bezahlen.	☐	☐
7. Ich will deine Liebe.	☐	☐
8. Ich will nur dein Wort.	☐	☐
9. Es ist alles auf dem Weg.	☐	☐
10. Es ist getrübt und schwer.	☐	☐

Klären Sie Signal- und Entscheidungswörter. (ab **B1**)

4. Bilden Sie aus den Verben Adjektive und finden Sie Antonyme.

Verb	Adjektiv	Antonym Verb	Antonym Adjektiv
vergessen	vergesslich	erinnern	/
schwärmen			
lachen			
öffnen			
kämpfen			
lieben			
vergeben			
glauben			
fehlen			

WS

Nicht alles lösen lassen. Aufteilen. (ab **B1**) *Sprache ist keine Mathematik, deshalb gibt es auch nicht zu allem eine sinnvolle Lösung. Es geht in diesen Aufgaben um die Fähigkeit Wörter in Verbindung zu setzen.*

Beschreiben Sie sich oder einen anderen Menschen mithilfe dieser oder anderer Eigenschaften zuerst schriftlich.
Tauschen Sie sich dann mit Ihrem Nachbarn aus.

Lassen Sie von den Kursteilnehmern erst zwei Sätze allein schriftlich, dann mündlich, weitere in Partnerarbeit formulieren.

7. Vervollständigen Sie die Tabelle.

Verb im Text	Infinitiv	Präteritum	Perfekt (Partizip II)
er wärmt			
er vergisst			
er verdrängt			
er irrt			
er will			
er fühlt mit			
es ist			
er vergibt			
er heißt			

GR

Nicht alles lösen lassen, auswählen, dann ab **A1**.

8. Wann ist der Mensch das? Nennen Sie Bedingungen. Vervollständigen Sie die Sätze.

Beispiele: Der Mensch heißt Mensch, weil er wärmt, wenn er erzählt.
Der Mensch heißt Mensch, weil er vergisst, wenn er zu viel auf einmal macht.

1. Der Mensch heißt Mensch, weil er lacht, wenn …
2. Der Mensch heißt Mensch, weil er schwärmt, wenn …
3. Der Mensch heißt Mensch, weil er kämpft, wenn …
4. Der Mensch heißt Mensch, weil er liebt, wenn …

GR

Üben Sie Konditionalsätze. (ab **A2**)

Band: Ganz Schön Feist

Titel: Es ist gut, wenn du weißt, was du willst

Es ist gut, wenn du weißt, was du willst.
Wenn du nicht weißt, was du willst,
Ist das nicht so gut.
Es ist gut, wenn du weißt, was du willst.
Wenn du nicht weißt, was du willst,
Ist das nicht so gut.

Du musst dich entscheiden
Zwischen zwei wunderschönen Frauen (so schönen Frauen),
Doch du möchtest nicht leiden,
Du willst Spaß mit allen beiden.
Das konnte nicht gut gehen.
Und weil du dich nicht entschieden hast,
Hast du beide verloren
Und liegst mir jetzt damit in den Ohren.

Es ist gut, wenn du weißt, was du willst.
Wenn du nicht weißt, was du willst,
Ist das nicht so gut.

Du willst dich besaufen,
Doch alleine macht dir das keinen Spaß.
Du schenkst mir ein Glas nach dem anderen ein
Und redest vom Leben, vom Sinn und vom Sein.
Und während wir reden, während du redest und ich hör dir zu,
Muss ich mich übergeben,
Denn besoffen bin ich und nicht du.

Es ist gut, wenn du weißt, was du willst.
Wenn du nicht weißt, was du willst,
Ist das nicht so gut.

Du sagst mir, dass du müde bist,
Doch eigentlich willst du noch bleiben.
Und weil Entscheidung nicht deine Stärke ist,
Muss ich mich statt deiner entscheiden.
Ich setze dein Vertrauen aufs Spiel.
Mir wird es jetzt so wie den Frauen zu viel.
Ich setze dich galant vor die Tür.
Doch noch einen guten Rat, den gebe ich dir:

Es ist gut, wenn du weißt, was du willst.
Wenn du nicht weißt, was du willst,
Ist das nicht so gut.
...

**1. Hören Sie den Refrain und notieren Sie ihn.
Sprechen, singen Sie mit.
Kontrollieren Sie mit dem Text.**

Lassen Sie die Aufgabe von einem stärkeren KT an der Tafel lösen. Dann Interpunktion an der Tafel besprechen. (ab **B1**)

____

____

____

Setzen Sie Kommas und Punkte.

2. Kreuzen Sie die richtige Antwort an.

Signalwörter und Entscheidungswörter gemeinsam oder in der Gruppe unterstreichen lassen. (ab **A2**)

1. Zwischen wem muss er sich entscheiden?
   a) zwei Freundinnen b) zwei Freunden c) zwei Frauen
2. Was möchte er nicht?
   a) jemandem weh tun b) sich trennen c) leiden
3. Was will er?
   a) Freundschaft b) Liebe c) Spaß
4. Wen hat er verloren?
   a) beide b) eine Frau c) seinen besten Freund
5. Was schenkt er ein?
   a) eine Tasse Kaffee b) ein Glas nach dem anderen c) einen Tee
6. Wovon redet er?
   a) vom Leben und Frauen b) vom Leben und Sein c) vom Leben, Sinn und Sein
7. Was sagt er?
   a) …, dass er müde ist. b) …, dass er traurig ist. c) …, dass er munter ist.
8. Was ist nicht seine Stärke?
   a) bescheiden zu sein b) sich zu streiten c) sich zu entscheiden
9. Wohin wird er gesetzt?
   a) vor das Haus b) vor die Tür c) hinter die Tür
10. Was ist gut?
   a) wissen, was man nicht will b) wissen, was man will c) nicht wissen, was man will

WS

1. Was wollen / möchten / müssen / sollen Sie? Sagen Sie, was Sie „demnächst, bald, später, in naher Zukunft, in einem Jahr" tun wollen. Tauschen Sie sich mit Ihrem Nachbarn aus.

An der Tafel eine Sammlung von Vorsätzen notieren. (ab **A2**)

Beispiel: Ich will in zwei Monaten die Prüfung bestehen. Und du?

____

____

____

____

WS

2. Ordnen Sie zu. Was ist die synonymische Umschreibung?

(ab **B1**)

1. Du möchtest nicht leiden.	a) Ich muss brechen vom vielen Alkohol.
2. Du schenkst mir ein Glas nach dem anderen ein.	b) Es soll dir nicht so weh tun.
3. Das konnte nicht gut gehen.	c) einen Tipp geben
4. Du liegst mir jetzt damit in den Ohren.	d) Das konnte nicht gelingen.
5. Du willst dich besaufen.	e) Du füllst immer wieder mein Glas.
6. Ich muss mich übergeben.	f) Du kannst dich nicht entscheiden.
7. Entscheidung ist nicht deine Stärke.	g) Ich schmeiß dich aus der Wohnung.
8. Es wird mir zu viel.	h) Du willst viel trinken.
9. Ich setz dich galant vor die Tür.	i) Es reicht mir.
10. einen guten Rat geben	j) Du sagst es immer wieder.

GR

Geben Sie einen Hinweis: Hauptsatz, Nebensatz und Verbstellung. (ab **B1**)

1. Setzen Sie Kommas. Begründen Sie.

Es ist gut wenn du weißt was du willst. Wenn du nicht weißt was du willst ist das nicht so gut.

GR

Schreiben Sie weitere Zeilen des Liedes um. Achten Sie auf die Reflexivpronomen. (ab **A2**)

2. Schreiben Sie das Lied um. Konjugieren Sie.

Beispiel: Es ist gut / wenn er weiß / was er will / wenn er nicht weiß / was er will / ist das nicht so gut.

1. Es ist gut, wenn ihr __________, was ihr __________, wenn ihr nicht __________, was ihr __________, ist das nicht so gut.
2. Es ist gut, wenn ich __________, was ich __________, wenn ich nicht __________, was ich __________, ist das nicht so gut.

GR

(ab **A2**)

3. Deklinieren Sie.

Beispiel: Er muss sich zwischen d**<u>en</u>** wunderschön**<u>en</u>** Frauen entscheiden.

1. D____ wunderschön____ Mädchen hat bereits einen Freund.
2. D____ wunderschön____ Mädchen sind meistens bereits vergeben.
3. Er hat d____ wunderschön____ Mädchen eine Blume geschenkt.
4. Er hat mit d____ wunderschön____ Mädchen gesprochen.
5. Wegen d____ wunderschön____ Mädchens Helena streiten sich die Jungen.

GR

Übung Konjunktiv II (auch als Wiederholungsaufgabe) (ab **B1**)

4. Sagen Sie, was gut wäre.

Beispiel: Es wäre gut, wenn … (besser Fußball spielen)
Es wäre gut, wenn er besser Fußball spielen würde.

1. Es wäre gut, wenn … (sich für eine Frau entscheiden)

   ____

2. Es wäre gut, wenn … (nicht so viel reden)

   ____

3. Es wäre gut, wenn … (mehr handeln als reden)

   ____

4. Es wäre gut, wenn … (nicht anderen die Entscheidung überlassen)

   ____

5. Es wäre gut, wenn … (einen Rat annehmen)

   ____

@

Die Websites von Wikipedia und von Ganz Schön Feist aufsuchen. Kontrollieren Sie die Verfügbarkeit. (ab **B1**) *(Gemeinsam lösen mit Beamer auch für* **A2**, *nur Aufgabe 9 ab* **C1**.*)*

1. Suchen Sie im Internet.

Finden Sie die Internetseite von „Ganz Schön Feist" oder schauen Sie bei <u>www.wikipedia.de</u> nach und recherchieren Sie:

1. Seit wann gibt es die Band?	
2. Aus welcher Stadt kommt die Band?	
3. Wie viele Alben hat die Gruppe veröffentlicht?	
4. Wie heißt das jüngste Album?	
5. Wie alt ist der Titel „Es ist gut, wenn du weißt, was du willst"?	
6. Wo werden sie demnächst auftreten?	
7. Was kosten die CDs?	
8. Was ist der Stil der Band? Welche drei Wörter stecken in diesem Wort?	
9. Lesen Sie den Text „Berg und Tal" von der CD „Hüa". Wie verwirklicht sich hier der Stil „Popacapellacomedy"?	
10. Vergleichen Sie Ihre Ergebnisse mit Ihrem Nachbarn.	

3. Hören Sie den Refrain und ordnen Sie die Wortgruppen.

Wenn du nicht weißt / Es ist gut / was du willst / wenn du weißt / ist das nicht so gut / was du willst

Kontrolle mit Text. (ab **A2**)

4. Ergänzen Sie die Lücken des Refrains.

Es __________ gut, __________ du weißt, __________ du __________. Wenn du __________ __________, was du __________ , ist das __________ __________ __________.

(ab **A2**) *Sie können noch die Begründungen für die Interpunktion verlangen, dann ab* **B1**.

3. Unterstreichen Sie die Wörter, die sich reimen. Finden Sie noch mehr Reimwörter. Wählen Sie Wörter aus dem Text.

Beispiel 1: entscheiden – leiden – vermeiden – scheiden

Versuchen Sie mit den Wörtern eine Strophe zu schreiben.

Beispiel 1: Du musst dich entscheiden, du kannst es nicht vermeiden
Lieber jetzt scheiden, als noch länger zu leiden

WS

Schätzen Sie die Teilnehmer ein, ob sie motiviert sind lyrisch zu arbeiten. (ab **C1**)

Kein Gut oder Schlecht, der Versuch / der Weg ist das Ziel. (ab **C1**)

4. Was kann außer Frauen / Mädchen noch „wunderschön" sein?

Beispiel: eine / die wunderschöne Blume

______________________________ ______________________________
______________________________ ______________________________
______________________________ ______________________________

WS

Einfache Übung, in Kombination mit Deklination auch ausbaufähig. (ab **A1**)

5. Graduieren Sie „schön" und sagen Sie, was z. B. „sehr / echt / … schön" ist.

Beispiel: Der Film war echt schön.

WS

KL macht Angebote je nach Niveaustufe.

5. Sagen Sie, was besser gewesen wäre. Bilden Sie Sätze im Konjunktiv II in der Vergangenheit.

Beispiel: Es wäre gut gewesen, wenn … (sich entscheiden)
Es wäre gut gewesen, wenn er sich entschieden hätte.

1. Es wäre gut gewesen, wenn … (sich für eine Frau entscheiden)
____
2. Es wäre gut gewesen, wenn … (nicht so viel reden)
____
3. Es wäre gut gewesen, wenn … (mehr handeln als reden)
____
4. Es wäre gut gewesen, wenn … (nicht anderen die Entscheidung überlassen)
____
5. Es wäre gut gewesen, wenn … (einen Rat annehmen)
____

GR

Schöne Übung zur Festigung und Wiederholung von Konjunktiv II. (ab **B1**)

6. Ergänzen Sie die Reflexivpronomen.

1. Und weil ich __________ nicht entschieden habe, …
2. Und weil er __________ nicht entschieden hat, …
3. Und weil sie __________ nicht entschieden hat, …
4. Und weil wir __________ nicht entschieden haben, …
5. Und weil ihr __________ nicht entschieden habt, …
6. Und weil sie __________ nicht entschieden haben, …

GR

Als Gesamtübung, wenn alle Possessivpronomen behandelt wurden. (ab **A2**)

Band: Die Fantastischen Vier

Titel: Mit freundlichen Grüßen

...
ARD, ZDF, C&A,
BRD, DDR und USA,
BSE, HIV und DRK,
GbR, GmbH - ihr könnt mich mal.
THX, VHS und FSK,
RAF, LSD und FKK,
DVU, AKW und KKK,
RHP, USW, LMAA,
PLZ, UPS und DPD,
BMX, BPM und XTC,
EMI, CBS und BMG,
ADAC, DLRG – ojemine.
EKZ, RTL und DFB,
ABS, TÜV und BMW,
KMH, ICE und Eschede,
PVC, FCKW - is nicht o.k.

MfG - Mit freundlichen Grüßen,
Die Welt liegt uns zu Füßen, denn wir steh'n drauf.
Wir geh'n drauf für ein Leben voller Schall und Rauch,
Bevor wir fallen, fallen wir lieber auf.
...
HNO, EKG und AOK,
LBS, WKD und IHK,
UKW, NDW und Hubert K,
BTM, BKA, hahaha,
LTU, TNT und IRA,
NTV, THW und DPA,
H&M, BSB und FDH,
SOS, 110 – tatütata,
SED, FDJ und KDW,
FAZ, BWL und FDP,
EDV, IBM und WWW,
HSV, VFB, oleole,
ABC, DAF und OMD,
TM3, A&O und AEG,
TUI, UVA und UVB,
THC in OCB is, was ich dreh.

MfG - Mit freundlichen Grüßen,
Die Welt liegt uns zu Füßen, denn wir steh'n drauf.
Wir geh'n drauf für ein Leben voller Schall und Rauch,
Bevor wir fallen, fallen wir lieber auf.
...

1. Hören Sie das Lied und notieren Sie einzelne Abkürzungen.

Beispiel: BMW / ________ / ________ / ________ / ________ / ________ / ________ / ________ /

Alphabet-Training. (ab **A1**)

2. Ergänzen Sie die Lücken.

Beispiel:

1. ________, ZDF und C&A   2. BRD, ________ und USA usw.

Je nach Niveaustufe größere oder kleinere Lücken. (ab **A1**)

1. Welche Abkürzungen im Text kennen Sie?
Was bedeuten sie?

Beispiel: ZDF   Zweites Deutsches Fernsehen

1. ________ ________________________________
2. ________ ________________________________
3. ________ ________________________________
4. ________ ________________________________
5. ________ ________________________________
6. ________ ________________________________
7. ________ ________________________________
8. ________ ________________________________
9. ________ ________________________________
10. ________ ________________________________

WS
Zwei Abkürzungen kennen alle – BMW und SOS. (ab **A1**)

2. Was bedeuten die Abkürzungen? Schlagen Sie im Wörterbuch nach.

Beispiel:
ARD Arbeitsgemeinschaft der öffentlich-rechtlichen Rundfunkanstalten Deutschlands

1. ZDF ________________________________
2. BRD ________________________________
3. DDR ________________________________
4. BSE ________________________________
5. HIV ________________________________
6. DRK ________________________________
7. UKW ________________________________
8. ABS ________________________________
9. PLZ ________________________________
10. KMH ________________________________
11. SOS ________________________________
12. BWL ________________________________

WS
Teilen Sie die Arbeit auf die Teilnehmer auf oder wählen Sie selbst aus. Benutzen Sie ein Wörterbuch oder nutzen Sie http://www.fanta4.de/start.htm; unter „Lyrics" finden Sie das Lied und die Bedeutungen der Abkürzungen. (ab **B1**)

3. Ordnen Sie den Begriffen die passenden Abkürzungen zu.

Beispiel: Fernsehstationen = ARD / ZDF / TM3 / RTL

1. Krankheiten = ________ / ________
2. Drogen = ________ / ________
3. Paket- und Briefzustellung = ________ / ________ / ________
4. Musikindustrie = ________ / ________
5. Bekleidungsmarken = ________ / ________
6. Fortbewegungsmittel und Geschwindigkeit = ________ / ________ / ________ / ________
7. chemische Substanzen = ________ / ________
8. Begriffe der Wirtschaft= ________ / ________ / ________
9. militante Organisationen = ________ / ________ / ________
10. Fußballvereine = ________ / ________

WS
Bei einigen Unterstützung geben, z. B. bei: militante Organisationen. (ab **C1**)

GR

Diese Aufgabe kann man lösen, wenn die Abkürzungen bekannt sind: entweder erarbeitet oder Sie geben eine Übersicht an die Hand. http://www.fanta4.de/start.htm (ab **A1**)

1. Bestimmen Sie den Artikel. Ordnen Sie in die Tabelle ein. Bilden Sie die Pluralformen.

Fernsehen | Republik | Virus | Kreuz | Recht | Gesellschaft | System | Haftung | Armee | Welle | Partei | Verein | Kilometer | Hals | Ohr | Nase | Club | Video | Kaufhaus

Maskulin / Plural	Neutrum / Plural	Feminin / Plural
/	/	/
/	/	/
/	/	/
/	/	/
/	/	/
/	/	/
/	/	/

GR

Alles Wörter aus den Abkürzungen. Übung zu Grund- und Bestimmungswort. (ab **A1**)

2. Welchen Artikel hat das zusammengesetzte Nomen?
Bestimmen Sie auch den Artikel von Bestimmungs- und Grundwort.

Beispiel: **die** Presseagentur — die Presse — **die** Agentur

1. ______ Paketdienst ______________ ______________
2. ______ Betäubungsmittel ______________ ______________
3. ______ Einheitspartei ______________ ______________
4. ______ Sportverein ______________ ______________
5. ______ Handelskammer ______________ ______________

GR

Kleine Übung zur Wiederholung HS- NS-Konnektoren. (ab **B1**)

3. Ersetzen Sie den Konnektor „denn" im Refrain durch „weil".
Was verändert sich?

GR

Kleine Wiederholung zur Thematik NS vor HS. (ab **B1**)

4. Warum steht „fallen" im Refrain gleich nach dem Komma?
Begründen Sie.

@

Lassen Sie das Lied zuordnen zu dem Musikstil Hip-Hop. Dann Arbeitsblatt erarbeiten lassen. (ab **B2**) *Relativ zeitintensiv. Auch als Projektarbeit möglich.*

Tipp: Lassen Sie die Maus auf dem Begriff „Hip-Hop" ruhen, dann erscheint die Definition.

Hier auch als Referat möglich. Übersetzungsversuche von Texten möglich.

1. Recherchieren Sie im Internet.

Schauen Sie unter www.wikipedia.de bzw. http://de.wikipedia.org/wiki/Hip-Hop oder http://de.wikipedia.org/wiki/Hip-Hop-Jargon und www.leo.de nach.

1. Was könnte „Hip" und was könnte „Hop" heißen?	
2. Was sind Merkmale von Hip-Hop? http://de.wikipedia.org/wiki/Hip-Hop	
3. Was gehört noch zum Lebensstil des Hip-Hop?	
4. Wann und wo wurde Hip-Hop erfunden?	
5. Nennen Sie Vertreter des Hip-Hop aus den 80-er, 90-er Jahren und der Gegenwart.	
6. Was heißt „biten" unter Rappern? Warum sind die meisten Begriffe des Hip-Hop-Jargons aus dem Englischen?	
7. Nennen Sie ein deutsches Hip-Hop-Magazin. Finden Sie es im Netz.	
8. Welche Hip-Hop-Musiker gibt es neben den „Fantastischen Vier" in Deutschland? Finden Sie ein Hörbeispiel auf einer Internetseite.	
9. Kennen Sie Hip-Hop-Bands oder Sänger aus Ihrem Heimatland? Notieren Sie Namen.	
10. Vergleichen Sie die Ergebnisse mit einem Gesprächspartner.	

3. Hören Sie und ordnen Sie die Zeilen.
Kontrollieren Sie dann mit dem Text.

Präparieren Sie den Text wie in dieser Aufgabe.
(ab **B1**)

BSE, HIV, und DRK	______
ARD, ZDF und C&A	1
THX, VHS, und FSK	______
BRD, DDR und USA	______
DVU, AKW, und KKK	______
GbR, GmbH – ihr könnt mich mal	______
RAF, LSD und FKK	______
PLZ, UPS und DPD	______
RHP, USW, LMAA	______
BMX, BPM und XTC	______

4. Warum stehen die Abkürzungen zusammen?
Auf welchen Zusammenhang verweisen die Abkürzungen?
Versuchen Sie zu begründen.

WS
(ab **C1**)

Beispiel: PVC und FCKW ... sind beides Sachen, die die Umwelt zerstören können.

1. ADAC/DLRG ...
2. PLZ / UPS / DPD ...
3. BSE / HIV / DRK ...
4. KMH / ICE / Eschede ...
5. HNO / EKG / AOK ...
6. UKW / NDW / Hubert K ...
7. FAZ / BWL / FDP ...
8. EDV / IBM / WWW ...
9. SED / FDJ / KDW ...
10. SOS / 110 / tatütata ...

5. Welche Komposita können Sie bilden?

WS
Verteilen Sie die Wörter. Mit Wörterbuch arbeiten lassen. Schwierig, reizvoll, anspruchsvoll, aber lohnenswert.
(ab **C1**)

	Grundwort	**Bestimmungswort**
Beispiel: „Postleitzahl“	Prozentzahl	Zahlenspiel
	Glückszahl	Zahlenstrahl
	Teilnehmerzahl	Zahlen...
1. Einkaufszentrum	______	______
	______	______
2. Fußballbund	______	______
	______	______
3. Überwachungsverein	______	______
	______	______
4. Betäubungsmittel	______	______
	______	______

5. Bestimmen Sie den Artikel der unterstrichenen Nomen.
Nutzen Sie die Endungen oder die Signale der Attribute.

GR
(ab **A2**)

1. GmbH, Gesellschaft mit beschränkter Haftung
2. FSK, Freiwillige Selbstkontrolle
3. ADAC, Allgemeiner Deutscher Automobil Club
4. DPD, Deutscher Paketdienst
5. DFB, Deutscher Fußballbund
6. AOK, Allgemeine Ortskrankenkasse
7. 110, bundesdeutsche Notrufnummer
8. FAZ, Frankfurter Allgemeine Zeitung
9. ABS, Antiblockiersystem
10. DPA, Deutsche Presseagentur

Band: Tokio Hotel

Lied: Durch den Monsun

Das Fenster öffnet sich nicht mehr.
Hier drin ist es voll von dir und leer
Und vor mir geht die letzte Kerze aus.
Ich warte schon 'ne Ewigkeit,
Endlich ist es jetzt soweit,
Da draußen ziehen die schwarzen Wolken auf.

Ich muss durch den Monsun
Hinter die Welt,
Ans Ende der Zeit,
Bis kein Regen mehr fällt,
Gegen den Sturm,
Am Abgrund entlang.
Und wenn ich nicht mehr kann,
Denk ich daran:
Irgendwann laufen wir zusamm'n
Durch den Monsun.
Dann wird alles gut.

Ein halber Mond versinkt vor mir.
War der eben noch bei dir
Und hält er wirklich, was er mir verspricht?
Ich weiß, dass ich dich finden kann,
Hör deinen Namen im Orkan.
Ich glaub noch mehr, dran glauben kann ich nicht.

Ich muss durch den Monsun
Hinter die Welt,
Ans Ende der Zeit,
Bis kein Regen mehr fällt,
Gegen den Sturm,
Am Abgrund entlang.
Und wenn ich nicht mehr kann,
Denk' ich daran:
Irgendwann laufen wir zusamm'n,
Weil uns einfach nichts mehr halten kann,
Durch den Monsun.

Hey! – Hey! – Hey!
Ich kämpf mich durch die Mächte
Hinter dieser Tür.
Werde sie besiegen und dann führn sie mich zu dir.
Dann wird alles gut – dann wird alles gut,
Wird alles gut – alles gut.

Ich muss durch den Monsun
Hinter die Welt,
Ans Ende der Zeit,
Bis kein Regen mehr fällt,
Gegen den Sturm,
Am Abgrund entlang.
Und wenn ich nicht mehr kann,
Denk ich daran:
Irgendwann laufen wir zusamm'n,
Weil uns einfach nichts mehr halten kann,
Durch den Monsun,
Durch den Monsun,
Dann wird alles gut.
Durch den Monsun,
Dann wird alles gut.

Musik & Text: Patrick Benzner

1. Hören Sie. Beantworten Sie die Fragen in Stichpunkten.

Geben Sie einen Hinweis auf die Wiederholung der Aufgabe 6 und 7 im Refrain. Signalwörter identisch. (ab **A2**)

1. Was öffnet sich nicht mehr? ______________________
2. Wie ist es hier drin? ______________________
3. Was geht aus? ______________________
4. Wie lange wartet er schon? ______________________
5. Wer zieht auf? ______________________
6. Was muss er? (2) ___________ / ___________
7. Wie laufen sie? ______________________
8. Wer versinkt? ______________________
9. Wen hört er im Orkan? ______________________
10. Durch was kämpft er sich? ______________________

2. Unterstreichen Sie die falschen Wörter. Korrigieren Sie beim zweiten Hören.

Zuerst lassen Sie unterstreichen, dann korrigieren. Präparieren Sie den Text wie in den Beispielsätzen. (ab **B1**)

Beispiel: Das Fenster schließt sich nicht mehr. öffnet

1. Hier draußen ist es voll von dir und leer. ______________
2. Und vor mir geht die letzte Kerze an. ______________
3. Ich warte schon 'ne kurze Zeit. ______________
4. Da draußen ziehen die weißen Wolken auf. ______________
5. Ich will durch den Monsun. ______________
6. Ein ganzer Mond versinkt vor mir. ______________
7. War der gerade noch bei dir. ______________
8. Ich … höre deinen Namen im Sturm. ______________
9. Irgendwann laufen wir allein. ______________

1. Welche Wörter gehören zusammen. Ordnen Sie zu.

WS (ab **B1**)

Wort	Antonym		
1) **öffnen**	a) vor	1	d
2) drinnen	b) Anfang		
3) ausgehen	c) draußen		
4) aufziehen	d) **schließen**		
5) hinter	e) abziehen		
6) Ende	f) angehen		
7) besiegen	g) verlieren		
8) zusammen	h) suchen		
9) versinken	i) getrennt		
10) finden	j) aufsteigen		

2. Was gehört zusammen? Ordnen Sie zu.

WS *Bereiten Sie ein Beispiel an der Tafel vor.* (ab **B2**)

halten | zusammen laufen | ausgehen | finden | sich versprechen | aufziehen

(1) ______________? fortgehen / enden / voraussetzen
(2) ______________? herankommen / pflegen / züchten / verspotten
(3) ______________? vereinbaren / fest zusagen
(4) ______________? entdecken / erkennen / erblicken
(5) ______________? sich gemeinsam zu Fuß bewegen
(6) ______________? stützen / stoppen / etwas in die Hand nehmen

GR

Gesamtübung für Präpositionen. Auch als Hörübung, dann die Ergebnisse beim Hören überprüfen. (ab **B1**) *Nutzen Sie Sätze mit den Präpositionen, die Sie gerade behandeln.* (dann ab **A2**)

1. Welche Präposition ist richtig? Überprüfen Sie beim Hören.

Beispiel: Und _________ mir geht die Kerze aus.	a) ohne	b) **vor**	c) um
1. Ich muss _________ den Monsun.	a) entlang	b) mit	c) durch
2. Ich muss _________ die Welt.	a) mit	b) hinter	c) von
3. Ich muss _________ das Ende der Zeit.	a) ab	b) seit	c) an
4. Ich muss _________ den Sturm.	a) gegen	b) trotz	c) an
5. Ich muss _________ Abgrund entlang.	a) bis	b) am	c) durch
6. Ein halber Mond versinkt _________ mir.	a) für	b) vor	c) durch
7. War der eben noch _________ dir.	a) bei	b) ohne	c) außer
8. Ich kämpf mich _________ die Mächte.	a) entgegen	b) zu	c) durch
9. Sie führen mich _________ dir.	a) durch	b) für	c) zu
10. Ein halber Mond versinkt _________ mir.	a) bis	b) vor	c) für

GR

Subjekt-Prädikat Beziehung ist immer ein Übungsschwerpunkt, auch noch später in den höheren Stufen. (ab **A1** mit Hilfe bei Subjektfindung)

2. Konjugieren Sie die Verben.

Beispiel: Das Fenster _________ (öffnen) sich nicht mehr. Das Fenster öffnet sich nicht.

1. Hier drin _________ (sein) es voll von dir und leer.
2. Und vor mir _________ (gehen) die letzte Kerze aus.
3. Ich _________ (warten) schon 'ne Ewigkeit.
4. Ich _________ (müssen) durch den Monsun.
5. Ich _________ (können) nicht mehr.
6. Irgendwann _________ (laufen) wir zusammen.
7. Und _________ (halten) er wirklich, was er mir verspricht.
8. Ein halber Mond _________ (versinken) vor mir.
9. Ich _________ (wissen), dass ich dich finden kann.
10. Ich _________ (kämpfen) mich durch die Mächte.

@

Im Plenum besprechen und dann selbstständig arbeiten lassen. (ab **B2**)

1. Recherchieren Sie im Internet. Wie viele Ergebnisse gibt es unter dem Stichwort „Tokio Hotel" bei Google? Von welchem Ergebnis erhalten Sie wohl die effektivsten Informationen?

Schauen Sie dann unter www.wikipedia.de http://de.wikipedia.org/wiki/Tokio_Hotel sowie http://www.mytokio.de/ubers-ende-der-welt-live-video/ nach. Beantworten Sie die Fragen.

1. Wer gehört zur Band?	
2. Woher stammen die Bandmitglieder?	
3. Was soll mit dem Bandnamen assoziiert werden?	
4. Wie heißt das erste Album und welche Titel sind auf diesem Album?	
5. Wie ist die „öffentliche Wahrnehmung"?	Einerseits: Anderseits:
6. Suchen Sie im Internet nach Foren zu Tokio Hotel. Welche Meinungen gibt es? Nennen Sie Pro- und Kontra-Beispiele.	
7. Schauen Sie sich ein Video bei YouTube an. Was denken Sie über die Band? Formulieren Sie Ihre Meinung. Begründen Sie.	

3. Hören Sie. Beantworten Sie die Fragen in Stichpunkten.

1. Was kann man nicht aufmachen? ____________________
2. Wie ist die Atmosphäre im Raum? ____________________
3. Was erlischt? ____________________
4. Wie lange geduldet er sich schon? ____________________
5. Was kommt heran? ____________________
6. Was glaubt er, tun zu müssen? (2) __________ / __________
7. Was machen sie gemeinsam? ____________________
8. Wer geht unter? ____________________
9. Wen vernimmt er im Sturm? ____________________
10. Was will er hinter sich bringen? ____________________

CD

Geben Sie einen Hinweis auf die Wiederholung der Aufgabe 6 und 7 im Refrain! Signalwörter unterschiedlich. (ab **C1**)

3. Tragen Sie die Wörter aus dem Text zusammen, die etwas mit Wetter zu haben.

Beispiel: Monsun

__________ / __________ / __________ / __________ / __________

Nennen Sie weitere Wörter zum Kontext Wetter.

Beispiel: Taifun

__________ / __________ / __________ / __________ / __________

WS

Einstieg für das Thema Wetter. Einfache WS-Arbeit. (**A1**)

4. Wählen Sie eine Vorsilbe aus.

1. Die Wolken ziehen __________. (vorbei / ab / vor)
2. Die Armee zieht ihre Truppen __________. (vorbei / ab / vor)
3. Ich ziehe Erdbeeren __________. (vorbei / ab / vor)
4. Die Schraube muss man __________ziehen. (nach / weg / zu)
5. Bitte zieh den Vorhang __________. (nach / weg / zu)
6. Er ist __________gezogen. (nach / weg / zu)

WS

Wählen Sie andere trennbare Verben aus dem Text aus. (ab **C1**)

3. Ergänzen Sie die Artikelendungen.

Beispiel: Ich muss durch d_____ Monsun. Ich muss durch den Monsun.

1. Ich muss hinter d_____ Welt.
2. Ich muss an d_____ Ende der Welt.
3. Ich muss gegen d_____ Sturm kämpfen.
4. Ich muss an d_____ Abgrund entlang.
5. Ich hör deinen Namen in d_____ Orkan.
6. Ich kämpfe mich durch d_____ Mächte.

GR

Punktuell als verstärkende Übung für ausgewählte Präpositionen und Deklination, auch immer gut als Wiederholung. (ab **A2**)

4. Konjugieren Sie die Verben des Liedes.

	öffnen	sein	gehen	warten	fallen	werden
ich	öffne					
du	öffnest					
er	öffnet					
wir	öffnen					
ihr	öffnet					
sie	öffnen					

GR

Wählen Sie auch andere Verben aus. Wiederholen Sie mit Aufgabe **GR2** *(präparierter Text).* (ab **A1**)

5. Ergänzen die Tabelle. Suchen Sie im Text und im Wörterbuch.

	Artikel	Nomen	Plural		Artikel	Nomen	Plural
1.		Monsun		6.		Regen	
2.			Kerzen	7.		Sturm	
3.		Ewigkeit		8.			Abgründe
4.			Wolken	9.		Mond	
5.		Welt		10.		Tür	

GR

Weisen Sie am Ende auf bestimmte Möglichkeiten der Pluralbildung hin (z. B. -keit, -en usw.). (ab **A1**)

Sängerin: Christina Stürmer

Titel: Lebe Lauter

Schau in den Spiegel! Siehst du, was du sehen willst?
Ist es deine Schuld, dass du das Idealbild nicht erfüllst?
Bist du die Einzige, die sich die Frage stellt?
Pass ich in eure heile Welt? Ist das das Einzige, was zählt?

Lebe lauter! Lass uns schrei'n!
Lebe lauter! Du brauchst nicht perfekt zu sein.
Lebe lauter, wie du dich fühlst.
Lebe lauter! Leb nur so, wie du es willst.

Schau in den Spiegel! Kannst du sehen, wer du bist?
Ist es dein Problem, dass du nicht ihrer Vorstellung entsprichst?
Bist du die Einzige, die sich nicht leiden mag?
Du sollst so sein, wie man dir sagt. Doch keiner hat dich je gefragt.

Lebe lauter! Lass uns schrei'n!
Lebe lauter! Du brauchst nicht perfekt zu sein.
Lebe Lauter, wie du dich fühlst.
Lebe Lauter! Leb nur so, wie du es willst.

Lebe lauter – oooh!
Lebe lauter – oooh!
Lebe lauter – oooh!
Lebe lauter – oooh!

Lebe lauter! Lass uns schrei'n!
Lebe lauter, leb nicht für den schönen Schein,
Für die perfekte Figur, für eine strahlende Haut,
Für die adrette Frisur, für einen flacheren Bauch.
Alles nur Schall und Rauch! Lass uns die Maske ablegen!
Wir sollten alle viel, viel lauter leben.

Lebe lauter! Lass uns schrei'n!
Lebe lauter! Du brauchst nicht perfekt zu sein.
Lebe lauter, wie du dich fühlst.
Lebe lauter! Leb nur so, wie du es willst.
Lebe lauter!

1. Hören Sie das Lied. Beantworten Sie die Fragen in Stichpunkten.

1. Wohin sollst du schauen? ____________________
2. Was erfüllst du nicht? ____________________
3. Was stellst du dir als Einzige? ____________________
4. Wie sollst du leben? ____________________
5. Was brauchst du nicht zu sein? ____________________
6. Wem entsprichst du nicht? ____________________
7. Wie sollst du sein? ____________________
8. Für wen sollst du nicht leben? (2) __________ / __________
9. Was sollen wir ablegen? ____________________
10. Wie sollten wir alle leben? ____________________

Unterstreichen Sie vielleicht gemeinsam Signalwörter. Geben Sie einen Hinweis auch auf die Fragewörter, z. B. Wie? = Antwort muss wahrscheinlich ein Adjektiv sein usw. (ab **B1**)

**2. Unterstreichen Sie die falschen Wörter.
Korrigieren Sie beim zweiten Hören.**

1. Siehst du, wen du sehen willst? ____________________
2. Ist es deine Schuld, dass du das Spiegelbild nicht erfüllst? ____________________
3. Bist du die Einzige, die sich Antworten gibt? ____________________
4. Pass ich in eure kaputte Welt? ____________________
5. Schau in den Himmel! ____________________
6. Ist es dein Problem, dass du ihren Ideen nicht entsprichst? ____________________
7. Bist du die Einzige, die sich nicht gerne mag? ____________________
8. Lebe lauter, leb nicht für den Sonnenschein. ____________________
9. Lass uns die Stimme ablegen. ____________________
10. Wir sollten alle viel, viel leiser leben! ____________________

Feinmotorik des Hörens trainieren. Gut für Prüfung. (ab **B2**)

**1. Lesen Sie den Text.
Suchen Sie Antworten auf folgende Fragen.**

A) Wofür soll man nicht leben?

1. ____________________
2. ____________________
3. ____________________
4. ____________________
5. ____________________

B) Wie soll man leben?

1. ____________________
2. ____________________
3. ____________________
4. ____________________

WS

Muss nicht alles zusammengetragen werden. (ab **B1**)

**2. Wie möchten Sie leben? Was ist Ihr Idealbild?
Sammeln Sie Ideen.**

Beispiel: Ich möchte fröhlich sein.

1. ____________________ 2. ____________________
3. ____________________ 4. ____________________
5. ____________________ 6. ____________________

WS

Hier bietet sich auch die Gestaltung einer Collage an. (ab **A2**)

3. Welche Interjektionen kennen Sie noch?

Liedbeispiel: „Oooh."

1. ______ 2. ______ 3. ______ 4. ______ 5. ______ 6. ______ 7. ______ 8. ______ 9. ______

WS

(ab **A1**)

4. Wie kann man die Interjektionen aussprechen, sodass unterschiedliche Bedeutungen daraus entstehen?

Beispiel: 1. „Mmmh" = schmeckt gut
2. „Mmmh" = unentschlossen sein

WS

Nutzen Sie auch das Material vom Klett Verlag „Interjektionen". (Erweiterung für fortgeschrittene Lerner ab **B2**)

GR

In Zusammenhang mit Konjunktiv II, eine praktische Übung. (ab **B1**)

1. Empfehlen Sie, wie man leben sollte.

Beispiel: Man sollte sich nicht so viele Gedanken über Geld machen.

1. Man sollte nicht so viel …
2. Man sollte weniger …
3. Man sollte mehr …
4. Man sollte sich …
5. Man sollte …

GR

In Zusammenhang mit Konjunktiv II, eine praktische Übung. (ab **B1**)

2. Womit sind Sie unzufrieden? Was würden Sie anders machen?

Beispiel: Wenn ich könnte, würde ich mehr Sport treiben.

1. Wenn ich könnte, würde ich …
2. Wenn ich könnte, würde ich …

GR

Weisen Sie auf die Imperativform im Text hin. Dann wählen Sie die Verben des Textes aus oder andere (aus dem Lehrbuch) und lassen Imperativ bilden. (ab **A1**)

3. Wie heißen die Imperativformen von:

Verb	„Du"-Form	„Sie"-Form	„Ihr"-Form
Beispiel: hören	Hör!	Hören Sie!	Hört!
1. schauen	______	______	______
2. leben	______	______	______
3. sehen	______	______	______
4. nehmen	______	______	______
5. schreien	______	______	______
6. fühlen	______	______	______

Welche Regel kann man formulieren?

____

@

1. Recherchieren Sie im Internet.

Schauen Sie u.a. unter www.leo.de, www.blindekuh.de, www.geolino.de nach.

Im Plenum das Wort erarbeiten, dann mit dem Ergebnis ins Internet gehen! (ab **C1**)

1. Was heißt „nicht für die perfekte Figur leben"? Auf welche Krankheit spielt Christina Stürmer hier an?	
2. Welche Überschriften tragen die Beiträge, die Sie gefunden haben?	
3. Welche Synonyme gibt es für diese Krankheit?	
4. Wählen Sie einen Beitrag aus und fassen Sie die wichtigsten Informationen zusammen. (Nutzen Sie bei der Präsentation die Redemittel der Textzusammenfassung.)	
5. Finden Sie Hilfe oder Ansprechpartner in Deutschland? Wenn ja, welche? Und in Ihrem Heimatland?	
6. Gibt es Lieder zum Thema „Bulimie" in Ihrem Heimatland? Kennen Sie andere Lieder? Ist das Problem auch in Ihrem Heimatland aktuell?	
9. Welche Gründe könnte es dafür geben, dass man so schlank sein will?	
10. Informieren Sie Ihren Nachbarn über die Ergebnisse. Tauschen Sie sich aus.	

Orientierung über die beiden Signalwörter „Hilfe" oder „Beratung", dann klickt man sich durch die Seiten und gelangt zu Ansprechpartnern vor Ort. (http://www.bzga-essstoerungen.de/beratungsstellen.htm)

3. Ist die Aussage richtig (r) oder falsch (f)? Kreuzen Sie an.

	r	f
1. Du sollst in ein Gesicht schauen.	☐	☐
2. Du sollst leiser leben.	☐	☐
3. Du brauchst nicht perfekt zu sein.	☐	☐
4. Du sollst so leben, wie du dich fühlst.	☐	☐
5. Du sollst so leben, wie man es dir sagt.	☐	☐
6. Alle haben dich gefragt.	☐	☐
7. Du sollst nicht für den schönen Schein leben.	☐	☐
8. Du brauchst eine adrette Frisur.	☐	☐
9. Alles nur Schall und Rauch.	☐	☐
10. Du sollst die Maske auflassen.	☐	☐

Signalwörter und Entscheidungswörter in der Gruppe gemeinsam unterstreichen, dann hören. (ab **B1**)

5. Ordnen Sie zu. Wie kann man auch dazu sagen?

WS

(ab **C1**)

1) Idealbild	A) intensiver leben	1	C
2) die Einzige sein	B) sich erkennen	2	
3) lauter leben	C) Wunschbild	3	
4) leben, wie du willst	D) herausfinden, was du möchtest	4	
5) sehen, wer man ist	E) alleine sein	5	
6) ihren Vorstellungen entsprechen	F) das ist alles vergänglich	6	
7) sich nicht leiden mögen	G) das eigene Gesicht zeigen	7	
8) nicht für einen flachen Bauch leben	H) sich selbst hassen	8	
9) alles nur Schall und Rauch	I) so sein, wie andere es wollen	9	
10) die Maske ablegen	J) nicht unbedingt total schlank sein wollen	10	

6. Wie heißt das Nomen und was ist das Gegenteil?

WS

(ab **B1**)

Nomen / Person	Adjektiv / Attribut	Antonym
	laut	
	perfekt	
	schön	
	flach	
	strahlend	
	heil	

4. „Wofür ...?" „Für wen ...?" Wie fragen Sie?

GR

Als Festigungsübung für Frage nach Person oder Sache. (ab **B1**)

1. ______________ hast du den Brief geschrieben? An Elisabeth.
2. ______________ hast du geschrieben? Über die Ferien.
3. ______________ hörst du? Auf seine Großeltern.
4. ______________ hörst du? Auf das Meeresrauschen.
5. ______________ denkt er? An seine Freundin Marlene.
6. ______________ denkt sie? An die Hausaufgaben.
7. ______________ kämpft der Mann? Für den Sieg.
8. ______________ kämpft die Frau? Für ihre Kinder.

5. Formulieren Sie Fragen, Ihr Nachbar antwortet. Nutzen Sie zum Beispiel „denken an", „erzählen über" oder „hören auf".

GR

Als Ergänzung zu Verben mit Präposition. (ab **B2**)

Beispiel Text:
Wofür soll man nicht leben? Man soll nicht für eine perfekte Figur leben.

Sänger: Clueso

Titel: Lala

La la la la la la la la
(Hey hey hey baby)
La la la la la la la
(Hey hey baby)

Ich hätt nie gedacht, dass es vorkommt,
Ich konnt sie nicht hören, die ganzen Lovesongs.
Doch läuft jetzt ein Lied wie dieses, sing ich laut mit,
Dreh das Radio weit auf.
Früher sollten sich Freunde unterstehen,
Liebesschnulzen aus der Videothek zu nehmen.
Doch läuft jetzt 'n guter Film mit Liebesszenen,
Brauch ich Taschentücher, denn mir kommen die Tränen.
(Oh, baby)

Auch wenn meine Jungs meinen:
„Ihr passt nicht zusammen, schau sie doch mal an, da kommst du nicht ran."
„Is' mir doch egal, versuch ich 's noch einmal."
Auch wenn meine Jungs meinen:
„Gib nicht so viel Gas, sie macht eh nur Spaß, nur ein Kuss, das war's."
(Yeah, oh)

La la la la la la la la
Ich bin verliebt, das geht so tief.
(Hey hey baby)
Und jeder soll's hören:
La la la la la la la.
Ich bin verliebt.
(Hey hey baby)

Damals hatt ich auf Partys Heimweh
Und dachte, all die Pärchen könn' doch heimgehen.
Müssen Menschen, die sich dafür entscheiden,
Es gleich jedem unter die Nase reiben?
Doch inzwischen bin ich froh,
Denn in meinem Kopf stell ich mir vor, wie wird's sein,
Wären wir zusammen, wär ich selbst unter hundert fremden Leuten nicht allein.

Auch wenn meine Jungs meinen:
„Guck mal, die is' sweet, wie sie sich verbiegt auf der Box im Lied."
„Is' mir egal, ich sag's euch noch einmal."
Auch wenn meine Jungs meinen:
„Mann, sie is' so schick, wie sie dich anblickt. Los, nimm sie mit."
(Nein, oh)

La la la la la la la la
Ich bin verliebt, das geht so tief.
(Hey, hey baby)
Und jeder soll 's hören
La la la la la la la.
Ich bin verliebt.
(Hey, hey baby)

La la la la la la la la
Ich bin verliebt, das geht so tief.
(Hey, hey baby)
Und jeder soll 's hören
La la la la la la la
Ich bin verliebt.
(Hey, hey baby)

Bei all dem Wahnsinn und dem Chaos bist du die Ruhe, die ich brauch.
Auch wenn ich an vielem zweifle, bei dir kommen keine Zweifel auf.
Du bist das Letzte, an was ich denk, wenn ich einschlaf.
Das Erste, was ich denk, wach ich auf.
(Oh, yeah)

Musik & Text: Thomas Hübner

1. Ist die Aussage richtig (r) oder falsch (f)? Kreuzen Sie an.

	r	f
1. Er hat früher Lovesongs gern gehört.	☐	☐
2. Er singt leise mit.	☐	☐
3. Bei Liebesszenen braucht er keine Taschentücher.	☐	☐
4. Seine Jungs meinen, dass sie nicht zusammenpassen.	☐	☐
5. Er ist verliebt.	☐	☐
6. Niemand soll es hören.	☐	☐
7. Er hatte auf Partys Heimweh.	☐	☐
8. Er dachte, die Pärchen können heimgehen.	☐	☐
9. Er ist nicht froh.	☐	☐
10. Sie ist die Ruhe, die er braucht.	☐	☐

Überlegen Sie im Vorfeld mit KT, wo Entscheidung liegen könnte. (mit Unterstützung ab **A2**)

2. Ergänzen Sie die Lücken. (Satzklammer, trennbare Verben)

1. Doch läuft jetzt ein Lied wie dieses, ***sing*** ich laut ______________.
2. ***Dreh*** das Radio weit ______________!
3. Ihr ***passt*** nicht ______________.
4. ***Schau*** sie doch mal ______________!
5. Da ***kommst*** du nicht ______________.
6. Denn in meinem Kopf ***stell*** ich mir ______________.
7. Los, ***nimm*** sie ______________!

Mit Text erarbeiten lassen bzw. kontrollieren. (ab **A1**)

1. Suchen Sie im Wörterbuch nach Synonymen, synonymischen Umschreibungen für folgende Wörter, Wortgruppen.

1. etwas meinen ______________
2. ein Lied läuft im Radio ______________
3. das Radio weit aufdrehen ______________
4. die Tränen kommen ______________
5. etwas unter die Nase reiben ______________
6. nicht so viel Gas geben ______________
7. „sweet" (Englisch) ______________
8. sich anblicken ______________
9. sie macht nur Spaß ______________
10. sich vorstellen ______________

WS

Sie können die Synonyme an der Tafel vorgeben (s. Lösungen) (ab **B1**) *oder ohne zuordnen lassen.* (ab **C1**)

2. Was heißt „Liebeslied" in verschiedenen Sprachen? Tragen Sie zusammen.

Beispiel: Deutsch Liebeslied / Liebesschnulze

Englisch lovesong	Spanisch ______________	Italienisch ______________
Chinesisch ______________	Japanisch ______________	Ungarisch ______________
Russisch ______________	Französisch ______________	Tschechisch ______________

WS

Angebote im Internet mit Hörprobe z. B. www.leo.de für heterogene Gruppen. (ab **A1**)

3. Finden Sie die Antonyme.

Verb / Adjektiv / Nomen	Antonym
1. lieben	______________
2. zusammenpassen	______________
3. laut	______________
4. Liebe	______________
5. Gas geben	______________
6. froh sein	______________
7. Heimweh	______________
8. zusammen	______________
9. Freunde	______________
10. gut	______________
11. fremd	______________
12. aufwachen	______________

WS

Teilen Sie die Arbeit auf Paare auf. Kontrollieren Sie im Plenum. Wiederholen Sie in kurzen Abständen. (ab **B1**)

GR

Geben Sie Tipps zu den Verben. (ab **A2**)

1. Unterstreichen Sie die trennbaren Verben des Textes.

GR

In Kombination mit 2 *nutzen.* (ab **A2**)

2. Welches trennbare Verb passt in die Lücken?

mitsingen | aufdrehen | zusammenpassen | anschauen | rankommen | heimgehen | vorstellen | mitnehmen | einschlafen | aufwachen

1. Meine Freundin und mein Freund sind sehr unterschiedlich. Sie __________ nicht __________.
2. Er __________ sich das Fußballspiel __________.
3. Der Wecker klingelt nicht. Die Mutter __________ sehr spät __________.
4. Nach Andreas __________ ich __________.
5. Ich höre das Lied und __________ einfach __________.
6. Das Lied gefällt mir. Ich __________ meinen CD-Player voll __________.
7. Der Junge __________ seine Freundin seinen Eltern __________.
8. Das Kind ist müde. Es __________ gleich __________.
9. Nach dem Sport __________ ich __________. Ich fahre nach Hause.
10. Zum Fußball __________ ich natürlich meine Fußballschuhe __________.

GR

Lassen Sie immer eigene – persönliche Beispielsätze formulieren. (ab **A2**)

3. Bilden Sie eigene Sätze mit den trennbaren Verben des Liedtextes.

Beispiel: Ich schaue mir das Foto an.

____

____

____

GR

Als Festigungsübung für Übung ob Frage nach Person oder Sache. (ab **B1**)

4. „Wofür . . . ?" „Für wen . . . ?" Formulieren Sie Fragen wie im Beispiel.

Beispiele: Wofür entscheidest du dich? Ich entscheide mich für den Kinoabend.
Für wen entscheidest du dich? Ich entscheide mich für Marlene.

1. __________ nimmst du teil? _______ der Sportveranstaltung.
2. __________ hast du dich nicht gewöhnt? _______ das Essen in Deutschland.
3. __________ hast du dich entschuldigt? _______ ihr.
4. __________ ärgerst du dich? _______ ihn.
5. __________ achtet er immer besonders? _______ sein Äußeres.

@

Signalwörter bieten Orientierung durch Wikipediatext. Prüfen Sie, ob die Internetseiten zugängig sind. (ab **B1**, mit gemeinsamer Erarbeitung am Beamer **A2**)

1. Recherchieren Sie im Internet. Nutzen Sie die Informationen von www.wikipedia.de oder von www.clueso.de um die Informationen zu finden.

Prüfen Sie, ob die Internetseite von www.clueso.de zugängig ist. (ab **B1**)

Selbst einsetzen!

Wichtig ist hier, dass der KT den Ort auf der Webseite gefunden hat. Die Namen müssen nicht alle vermerkt sein.

Prüfen, ob er noch angeboten wird.

1. Wie alt ist Clueso?	
2. Wie viele Alben und Singles hat Clueso schon veröffentlicht?	
3. Wie heißt die CD/Single zum Film „Leroy"?	
4. Wie heißt das 4. Studioalbum, das er 2008 veröffentlicht hat?	
5. Wann spielt er in..................?	
6. Wer gehört alles zu seiner Band?	
7. Kontaktwünsche sind an (Clueso Management) zu richten?	
8. Was kostet ein Lady-Kapuzen-Pullover?	

3. Hören Sie. Beantworten Sie die Fragen in Stichpunkten.

Signalwörter (identisch) gemeinsam unterstreichen, dann hören. (mit Unterstützung ab **A2**)

1. Was konnte er früher nicht hören? ______
2. Wie singt er heute mit? ______
3. Was dreht er weit auf? ______
4. Was braucht er bei Liebesszenen? ______
5. Was meinen seine Jungs? ______
6. Was soll er nicht so viel geben? ______
7. Was ist er? ______
8. Was hatte er auf Partys? ______
9. Wo stellt er sich etwas vor? ______
10. Wer soll es hören, dass er verliebt ist? ______

4. Was kann alles „laufen"? Ordnen Sie die Synonyme zu.

WS *Hier mit Wörterbuch arbeiten.* (ab **B1**)

Beispiel: Ein Baby lernt laufen. (= lernt gehen)

gehen | wird gezeigt (2 x) | etwas funktioniert (2 x) | macht keine Schwierigkeiten | hat begonnen | ist gut gewachst, fährt sich gut | tropfen (2 x)

1. im Fernsehen ein Film ______
2. die Nase ______
3. der Mensch ______
4. die Sache ______
5. der Wasserhahn ______
6. der Motor ______
7. eine Veranstaltung ______
8. die Arbeit ______
9. Kinofilm ______
10. der Ski ______

5. Was kann man alles „haben"?

WS (ab **B2**)

Beispiel: Heimweh

______	______	______	______
______	______	haben	______
______	______	______	______

6. Was kann man alles „machen"?

WS (ab **B2**)

Beispiel: Spaß

______	______	______	______
______	______	machen	______
______	______	______	______

7. Suchen Sie Nomen-Verb-Verbindungen aus dem Text. Gibt es noch weitere Verben zu den Nomen?

WS *Wichtiges Wortschatztraining.* (ab **B1**)

Nomen	Verb aus Text	eigene Verben	
Beispiel: Radio	- aufdrehen	+ ausmachen	+ reparieren
1. ______	- ______	+ ______	+ ______
2. ______	- ______	+ ______	+ ______
3. ______	- ______	+ ______	+ ______
4. ______	- ______	+ ______	+ ______
5. ______	- ______	+ ______	+ ______

Sänger: Clueso

Titel: Chicago

Sie ist immer da, wo was los ist,
Immer mitten in der Stadt.
Dort, wo die kleine Welt ganz groß ist,
Sieht sie sich an den Lichtern satt.
Sie erzählt dann und wann von dem und dem,
Denn sie hat jeden schon gehabt.
Auch wenn sie sich selbst nicht ganz so pflegt,
Pflegt sie zumindest den Kontakt.

Und sie träumt von Chicago,
Von Chicago,
Irgendwo, wo sie keiner kennt.
Und sie träumt von Chicago,
Von Chicago,
Dort wo niemand, niemand ihren Namen nennt.

Mit ihrem sonnigen Traum vor Augen
Läuft sie durch den Regen.
Und jedem, den sie auf der Straße trifft,
Erzählt sie, sie wär da gewesen,
Beschreibt, an welcher Ecke sie schon war,
Denn sie kennt immerhin dies und das.
Und wenn du 'n bisschen was dabei hast,
Nimmt sie dich mit für eine Nacht.

Sie nimmt dich mit nach Chicago,
Nach Chicago,
Irgendwohin, wo dich keiner kennt.
Sie nimmt dich mit nach Chicago,
Nach Chicago,
Dort wo niemand, niemand deinen Namen nennt.

Doch wenn man ihr erzählt,
Welchen Traum sie lebt,
Dann spielt sie gleich verrückt,
Denn auch wenn sie kurz schläft,
Sobald das Licht angeht,
Dann muss sie schnell zurück.

Manchmal trifft sie sich mit ein paar Leuten
An einem unbestimmten Platz.
Und wenn dort frisches Zeug durch die Adern fließt,
Gibt man den Löffel an die Kumpels ab.
Und diesmal ist sie nicht gekommen,
Vielleicht hat sie 's nicht gepackt.
Nur eine kleine Nachricht ist alles, was sie
hinterlassen hat.

Ich komm nie mehr, ich bin in Chicago,
In Chicago,
Irgendwo, wo mich keiner kennt.
Ich komm nie mehr.
Ich bin in Chicago, in Chicago,
Dort wo niemand, niemand meinen Namen nennt.
In Chicago,
Wo mich keiner kennt.
Ich komm nie mehr.
In Chicago.
Ich komm nie mehr.

Musik & Text: Thomas Hübner

1. Kreuzen Sie die richtigen Antworten an.

Signalwörter (identisch) gemeinsam unterstreichen, dann hören. (mit Unterstützung ab **A2**)

1. Sie ist immer da, ...
   A) wo nichts los ist.
   B) wo was los ist.
   C) wo nichts passiert.

2. Sie pflegt ...
   A) sich selbst.
   B) den Kontakt zu anderen.
   C) ihre Großmutter.

3. Sie träumt von ...
   A) ihrem Freund.
   B) einem Austauschschüler.
   C) Chicago.

4. Sie läuft...
   A) auf der Straße.
   B) in ein Haus vor dem Regen.
   C) durch den Regen.

5. Sie erzählt, dass ...
   A) sie schon in Chicago gewesen ist.
   B) sie alle Leute dort kennt.
   C) sie jede Ecke in Chicago kennt.

6. Sie nimmt dich...
   A) mit ins Restaurant.
   B) mit für eine Nacht.
   C) mit nach Chicago.

7. Sie trifft sich mit Leuten...
   A) an einem geheimen Ort.
   B) an einem bestimmten Ort.
   C) an einem unbestimmten Ort.

8. Und diesmal ist sie ...
   A) pünktlich gekommen.
   B) unpünktlich gekommen.
   C) nicht gekommen.

9. Sie hat ...
   A) eine kleine Nachricht hinterlassen.
   B) es gepackt.
   C) vergessen, zu kommen.

10. Sie schreibt, dass ...
    A) sie keine Lust mehr hat.
    B) sie traurig ist.
    C) sie in Chicago ist.

2. Schauen Sie sich das Video an.
Schreiben Sie den Text ab. (www.YouTube.de)

Der Text läuft wie bei Karaoke mit. (ab **A1**)

1. Welche Bedeutung haben die Wörter? Welche Synonyme finden Sie zu den Wörtern? Welches Thema wird hier angesprochen?

Interpretation des Textes. Wörterbucharbeit, auch im Internet. (ab **B2**)

1. „ein bisschen was dabei haben“ ____________________
2. „unbestimmten Platz“ ____________________
3. „frisches Zeug“ ____________________
4. „durch die Adern fließt“ ____________________
5. „den Löffel abgeben“ ____________________

WS

2. Welche Formen von „Sucht“ kennen Sie noch? Tragen Sie zusammen.
Geben Sie Tipps, was man dagegen machen könnte.
Nutzen Sie Redemittel der „Empfehlung“ z. B. Konjunktiv II.

Hier kann sich ein Projekt anschließen. Es gibt auch noch andere Lieder zum Thema Sucht. Arbeiten Sie hier z. B. mit einem zusätzlichen Text aus einer Zeitung. (ab **B2**)

Geben Sie hier Anregungen, einen Impuls, z. B. zum Arzt gehen, einen Psychologen aufsuchen, mit seinen Freunden sprechen, ein Suchttagebuch schreiben usw., sodass die Schüler die Empfehlung zuordnen können.

Als Partnerarbeit: der eine sagt seinen Tipp, der andere errät, für welchen Süchtigen das der Tipp ist.

Namen anderer Suchtformen	**Tipps dagegen**
Workaholic	Er sollte sich einen Freizeitsport suchen, um nicht an die Arbeit zu denken.
1.	
2.	
3.	
4.	
5.	
6.	

GR

(ab **B2**)

1. Suchen Sie aus dem Text die Verben mit Präpositionen heraus.

Beispiel: satt sehen an / ________ / ________ / ________ /
________ / ________ / ________ / ________

Tragen Sie die Verben in die Sätze ein.

1. Er kann sich an den schönen Bergen nicht satt sehen.
2. Das Kind ________ da ________ ein Musiker zu werden.
3. Viele Leute ________ am Wochenende ________ den Park.
4. Ich ________ das Geschenk ________ meine Freundin mit.
5. Welches T-Shirt willst du ________ Paris ________?
6. Ich ________ mich morgen ________ meinem Freund.
7. Wir ________ uns ________ einem geheimen Ort.
8. Der Fluss ________ ________ die Stadt.

Immer den Kontext zum eigenen Leben schaffen über persönliche Mustersätze.

Bilden Sie eigene Sätze mit den Verben und Präpositionen.

GR

Textverständnis sollte gesichert sein. Dann kann man diese Konjunktiv II - Übung machen. (ab **B2**)

2. Suchen Sie die Konjunktiv II-Form aus dem Text heraus.

... erzählt, sie ________

(Gegenwart) **Was wäre besser?**		**(Vergangenheit)** **Was wäre besser gewesen?**
Bsp.: ..., wenn sie sich andere Freunde suchen würde.	/andere Freunde suchen/	..., wenn sie sich andere Freunde gesucht hätte.
________	/einen Arzt um einen Rat bitten/	________
________	/mit einem Psychologen sprechen/	________
________	/nicht so verträumt sein/	________
________	/ehrlicher zu sich selbst sein/	________
________	/eine Therapie machen/	________

@

1. Beantworten Sie die Fragen mithilfe der Internetseite für Kinder und Jugendliche: www.blinde-kuh.de

Selber festlegen, dann mit einfachen Signalwörtern die weiteren Aufgaben formulieren. Kontrolle, ob es noch im Netz steht. Oder ein eigenes WebQuest entwerfen, immer mit Signalwörtern aus dem Internettext. (ab **B2**)

1. Geben Sie den Suchbegriff „Sucht" ein. Lesen Sie. Was muss man bei diesem Wort unterscheiden?	1 ________ = ________ 2 ________ = ________
2. Suchen Sie den Beitrag „Was ist Sucht?"	
3. Was kann alles süchtig machen? (5 Beispiele)	
4. Was heißt „süchtig sein"?	
5. Wie viele Schritte gibt es, bis man „Sucht" entwickelt?	
6. Welche Dinge spielen eine Rolle, ob man süchtig werden kann oder nicht?	
7. Was schützt vor Abhängigkeit, was ist für Sie das wichtigste?	
8. Was ist wichtig, wenn man Zigaretten, Alkohol oder andere Drogen angeboten bekommt?	

3. Ist die Aussage richtig (r) oder falsch (f)? Kreuzen Sie an.

	r	f
1. Sie ist immer da, wo nichts los ist.	☐	☐
2. Sie pflegt sich.	☐	☐
3. Sie träumt von Chicago.	☐	☐
4. In Chicago kennen alle ihren Namen.	☐	☐
5. Sie läuft durch die Straßen.	☐	☐
6. Sie erzählt jedem, dass sie schon mal in Chicago war.	☐	☐
7. Sie nimmt dich mit für einen Nacht.	☐	☐
8. Sie spielt nie verrückt.	☐	☐
9. Sie trifft sich mit Leuten.	☐	☐
10. Eine Nachricht hat sie hinterlassen.	☐	☐

Signalwörter identisch (ab **B1**).

4. Ist die Aussage richtig (r) oder falsch (f)? Kreuzen Sie an.

	r	f
1. Sie ist immer da, wo etwas passiert.	☐	☐
2. Sie achtet nicht so auf ihr Äußeres.	☐	☐
3. Sie stellt sich vor in Chicago zu sein.	☐	☐
4. In Chicago wissen alle, wie sie heißt.	☐	☐
5. Sie läuft durch die regnerischen Straßen.	☐	☐
6. Sie sagt, dass sie schon mal Chicago gewesen ist.	☐	☐
7. Sie lädt dich für einen Tag ein.	☐	☐
8. Wenn man ehrlich zu ihr ist, findet sie das gut.	☐	☐
9. Oft trifft sie sich mit Leuten.	☐	☐
10. Sie hat keine Nachricht zurückgelassen.	☐	☐

Signalwörter nicht identisch (ab **B2**).

3. Ordnen Sie den Begriffen die Definitionen zu.

1. An Medikamentensucht leiden Menschen,	a) wenn man z. B. auch nicht ohne Zigaretten auskommt.
2. An Alkoholsucht ist man erkrankt,	b) wenn man immer im Internet surft oder Computerspiele spielt.
3. Computersüchtig ist man,	c) wenn man nicht auf alkoholische Getränke verzichten kann.
4. Drogensüchtig ist man,	d) wenn sie ohne Krankheit Tabletten nehmen.
5. Arbeitssüchtig (workaholic) ist man,	e) wenn man das Essen verweigert oder auf einmal viel isst und dann wieder erbricht.
6. An Magersucht (Bulimie) leidet man,	f) wenn man nicht aufhören kann zu arbeiten.
7. Ich-Sucht	g) wenn man nicht aufhören kann, am Automaten zu spielen.
8. Spielsucht	h) wenn man illegale Substanzen einnimmt (Kokain, LSD, …).
9. Drogensucht	i) wenn man sich immer in den Mittelpunkt rückt.

WS

Nach Sicherung des Textverständnis diese Übung anschließen. (ab **B2**)

3. Setzen Sie Kommas. Begründen Sie.

1. Sie ist immer da wo was los ist.
2. Dort wo die Welt ganz groß ist sieht sie sich an den Lichtern satt.
3. Sie erzählt dann und dann von dem und dem denn sie hat jeden schon gehabt.
4. Auch wenn sie sich selbst nicht so pflegt pflegt sie zumindest den Kontakt.
5. Und jeden den sie auf der Straße trifft erzählt sie sie wär da gewesen.
6. Und wenn du ein bisschen was dabei hast nimmt sie dich mit für eine Nacht.

GR

Greifen Sie einen Satz heraus, der Ihren aktuellen Übungsschwerpunkt ergänzt. Schreiben Sie ihn an die Tafel. Das sind nur Vorschläge. Es gibt noch mehr Sätze im Text. (ab **B1**)

Sänger: Xavier Naidoo

Titel: Dieser Weg

Also ging ich diese Straße lang
Und die Straße führte zu mir.
Das Lied, was du am letzten Abend sangst,
Spielte nun in mir.
Noch ein paar Schritte und dann war ich da
Mit dem Schlüssel zu dieser Tür.

Dieser Weg wird kein leichter sein,
Dieser Weg wird steinig und schwer.
Nicht mit vielen wirst du dir einig sein,
Doch dieses Leben bietet so viel mehr.

Es war nur ein kleiner Augenblick,
Einen Moment war ich nicht da.
Danach ging ich einen kleinen Schritt
Und dann wurde es mir klar:

Dieser Weg wird kein leichter sein,
Dieser Weg wird steinig und schwer.
Nicht mit vielen wirst du dir einig sein,
Doch dieses Leben bietet so viel mehr.

Manche treten dich.
Manche lieben dich.
Manche geben sich für dich auf.
Manche segnen dich.
Setz dein Segel nicht, wenn der Wind das Meer aufbraust.
Manche treten dich.
Manche lieben dich.
Manche geben sich für dich auf.
Manche segnen dich.
Setz dein Segel nicht, wenn der Wind das Meer aufbraust.

Dieser Weg wird kein leichter sein,
Dieser Weg wird steinig und schwer.
Nicht mit vielen wirst du dir einig sein,
Doch dieses Leben bietet so viel mehr.

...

Musik: Xavier Naidoo / Philippe Eecke
Text: Xavier Naidoo

1. Hören Sie das Lied und ergänzen Sie die Lücken.

1. am ____________ Abend
2. ein ____________ Schritte
3. kein ____________ Weg
4. ein ____________ und ____________ Weg
5. ein ____________ Augenblick

*Überlegen Sie vorher gemeinsam, **wie** z. B. der Abend sein kann: schön, lang, letzte. Diese Übung für **GR** 3 weiter verwenden. Dann als Deklinations- und Wortschatzschatzübung ausbauen.* (ab **B1**)

2. Kreuzen Sie die richtige Antwort an.

1. Er ging a) den Weg entlang.
   b) die Straße lang.
   c) zu ihr.
2. Die Straße führte a) zu mir.
   b) zu dir.
   c) zu euch.
3. Das Lied sangst du a) in der Nacht.
   b) am letzten Tag.
   c) am letzten Abend.
4. Ich war da mit a) einem Blumenstrauß.
   b) einer Rose.
   c) dem Schlüssel.
5. Der Weg wird a) leicht sein.
   b) kein leichter sein.
   c) nicht einfach sein.
6. Der Augenblick war a) klein.
   b) kurz.
   c) schön.
7. Ich war a) eine Stunde nicht da.
   b) eine Sekunde nicht da.
   c) einen Moment nicht da.
8. Ich ging a) keinen weiteren Schritt.
   b) einen großen Schritt.
   c) einen kleinen Schritt.
9. Setz das Segel nicht a) bei Sturm.
   b) bei Sonnenschein.
   c) bei Flaute.
10. Das Leben bietet a) nicht viel.
    b) sehr viel mehr.
    c) so viel mehr.

Feinmotorik des Hörens trainieren. Prüfungstraining. (ab **A2**)

1. Welche Formulierung des Liedes (links) entspricht der Formulierung (rechts).

WS (ab **B2**)

Beispiel: Also ging ich diese Straße lang = Also lief ich auf dieser Straße.

Lied		**Synonym**
1. das Lied spielte in mir	______	beschwerlich
2. noch ein paar Schritte	______	ein Moment
3. der Weg wird steinig und schwer	__1__	klang in mir nach
4. nicht einig sein mit vielen	______	verstehen
5. das Leben bietet viel	______	das Meer ist stürmisch
6. ein kleiner Augenblick	______	manche erniedrigen dich
7. klar werden	______	sich für jemanden opfern
8. manche treten dich	______	einige wenige Schritte
9. sich aufgeben für jemanden	______	nicht übereinstimmen mit vielen
10. der Wind das Meer aufbraust	______	das Leben ist abwechslungsreich

2. Unterstreichen Sie, welches Wort nicht in die Reihe passt. Begründen Sie!

WS (ab **C1**)

Beispiel: Straße / Fahrradweg / Pfad / Autobahn
…, weil das drei Verkehrswege sind. Pfad ist aber ein Fußweg.

1. Lied / Klavier / Text / Song
2. Mond / Nacht / Tag / Abend
3. Moment / Augenblick / Stunden / Sekunde
4. steinig / schwer / felsig / sandig
5. Union / einig / uneinig / zusammen
6. Wind / Wasser / See / Meer
7. aufgeben / sich opfern / zum Sterben bereit sein / in den Tod ziehen
8. singen / trällern / jodeln / bellen
9. viele / tausende / einzelne / eine große Menge
10. nehmen / geben / schenken / überlassen

GR

Verweisen Sie darauf, dass die Verben aus dem Text sind. (ab **A2**)

1. Ergänzen Sie die Tabelle.

Verb	Präteritum	Perfekt
	ich ging	
	sie führte	
	du sangst	
	es spielte	
	ich war	
sie treten dich		
sie lieben dich		
sie segnen dich		
er braust auf		
sie geben auf		
er wird		
es bietet		
du setzt		

GR

Mit dem Originaltext überprüfen. (ab **B1**)

2. Wie muss es richtig heißen? Begründen Sie. Kontrollieren Sie mit dem Text.

1. Also ging ich ____ Straße lang.	a) diese	b) dieser	c) diesen
2. Die Straße führte zu _________.	a) mich	b) mir	c) meine
3. Das Lied spielte nun in _________.	a) mich	b) mir	c) meine
4. Mit ____ Schlüssel	a) der	b) den	c) dem
5. ____ Weg wird kein leichter sein.	a) Dieser	b) Diesen	c) Diesem
6. Doch ____ Leben bietet so viel mehr.	a) diesen	b) diesem	c) dieses
7. Es war ein ____ Augenblick.	a) kleiner	b) kleinen	c) kleines
8. Ich ging einen ____ Schritt.	a) kleiner	b) kleinen	c) kleinem
9. Manche lieben _________.	a) dir	b) dein	c) dich
10. Setz ____ Segel nicht.	a) deines	b) deine	c) dein

@

Überprüfen Sie die Internetverweise. Globales Lesen. (ab **B1**)

1. Recherchieren Sie im Internet.

1. Geben Sie bei www.google.de die Stichpunkte „fußball+lied+dieser weg“ ein. Lesen Sie nur die Überschriften und notieren Sie in Stichpunkten.	
2. Wählen Sie einen Artikel aus. Notieren Sie Stichpunkte zu den Hauptaussagen des Artikels.	
3. Hören Sie das Lied und sammeln Sie Namen von Spielern der deutschen Fußballnationalmannschaft. Wer hat bei der Fußball-WM 2006 mitgespielt? http://de.youtube.com/watch?v=eQHmx26p3A0&feature=related	• • • • •
4. Welche Lieder zum Fußball finden Sie noch? Notieren Sie Ergebnisse und Internetverweise (Internetadressen).	
5. Finden Sie weitere Informationen (Videos, Texte usw.) zu einem Sänger oder Interpreten? Stellen Sie einen vor.	

Bei inhomogenen Gruppen diese Frage als Heimatlandfrage formulieren. (ab **B2**)

3. Beantworten Sie die Fragen.

1. Wo ging er lang? ____________________
2. Wohin führte die Straße? ____________________
3. Wann sangst du das Lied? ____________________
4. Womit war er an der Tür? ____________________
5. Wie wird der Weg sein? (2) __________ / __________
6. Mit wie vielen wirst du dir einig sein? ____________________
7. Was war nur klein? ____________________
8. Wie groß war der Schritt? ____________________
9. Was machen manche? (2) __________ / __________
10. Was soll man nicht setzen? ____________________

Prüfungstraining. Spekulieren Sie. (ab **B1**)

3. Was reimt sich? Was hat den gleichen Klang? Finden Sie weitere Reimwörter.

Beispiel: lang – sang(st) – bang – Drang– voran

1. schwer - …
2. Schritt - …
3. klar - …
4. ging -…
5. treten - …
6. sein - …
7. Wind - …
8. brausen - …

WS
Bei Gruppen, die Lust haben auf Sprachspielereien. An der Tafel erarbeiten. (ab **C1**)

4. Schreiben Sie aus Ihren Reimpaaren einen Text / eine Strophe.

Beispiel (aus **WS** 2): Der Weg war lang / Doch mir war nicht bang /
Ich hatte so einen Drang / Aber irgendwie kam ich nicht voran

WS
Mit Wörterbuch arbeiten lassen. Hier Ideen aus der Muttersprache zulässig. (ab **C1**)

**5. Wie kann ein Abend, ein Weg usw. auch noch sein?
Formulieren Sie Sätze aus Ihren Beispielen.**

1. ein leichter/ ________/ ________/ ________/ ________/ ________ Weg
2. ein großer/ ________/ ________/ ________/ ________/ ________ Schritt
3. ein kleiner/ ________/ ________/ ________/ ________/ ________ Augenblick

WS
(ab **A2**)

3. Wer liebt wen? Beantworten Sie die Fragen.

1. Sie liebt ______ (er).
2. Er liebt ______ (sie).
3. Das Kind liebt ______ (Plural „sie").
4. Ihr liebt ______ (ihr)
5. Wir lieben ______ (wir).
6. Ich liebe ______ (ich).

GR
Personalpronomen im Akkusativ. (ab **A2**)

4. Wer liebt wen? Beantworten Sie die Frage.

1. Ich liebe ______.
2. Du liebst ______.
3. Er liebt ______.
4. Sie liebt ______.
5. Es liebt ______.
6. Wir lieben ______.
7. Ihr liebt ______.
8. Sie lieben ______.

GR
Reflexivpronomen im Akkusativ. (ab **A2**)

5. Notieren Sie die Präteritumformen der infiniten Verben.

1. Also __________ ich diese Straße lang. (gehen)
2. Die Straße __________ zu dir. (führen)
3. Ich __________ am letzten Abend ein Lied. (singen)
4. Das Lied __________ in mir. (spielen)
5. Der Augenblick __________ klein. (sein)
6. Dann __________ mir etwas klar. (werden)
7. Ich __________ einen kleinen Schritt. (laufen)
8. Er __________ ein Lied. (schreiben)
9. Die Frau __________ ein Auto. (fahren)
10. Wir __________ den Text von Xavier Naidoo. (lesen)

GR
Klären Sie vielleicht vorher Numerus. (ab **A2**)

2. Recherchieren Sie im Internet.

Was erfahren Sie über den Film „Das Wunder von Bern"? Was erfahren Sie über den Film „Deutschland. Ein Sommermärchen"? www.wikipedia.de

@
Hier besteht die Möglichkeit ein WebQuest zu erstellen mit Fragen, z. B. wer ist der Regisseur, um welche Sportart geht es in den Filmen, usw. (ab **C1**)

Sänger: Peter Fox

Titel: Haus am See

Hier bin ich geboren und laufe durch die Straßen,
Kenn die Gesichter, jedes Haus und jeden Laden.
Ich muss mal weg, kenn jede Taube hier beim Namen.
Daumen raus, ich warte auf ´ne schicke Frau mit schnellem Wagen.
Die Sonne blendet, alles fliegt vorbei
Und die Welt hinter mir wird langsam klein.
Doch die Welt vor mir ist für mich gemacht.
Ich weiß, sie wartet und ich hol sie ab.
Ich hab den Tag auf meiner Seite, ich hab Rückenwind,
Ein Frauenchor am Straßenrand, der für mich singt.
Ich lehne mich zurück und guck ins tiefe Blau,
Schließ die Augen und lauf einfach geradeaus.

Und am Ende der Straße steht ein Haus am See,
Orangenbaumblätter liegen auf dem Weg.
Ich hab 20 Kinder, meine Frau ist schön.
Alle kommen vorbei, ich brauch nie raus zu gehen.
Im Traum gesehen ... das Haus am See.

Ich suche neues Land mit unbekannten Straßen,
Fremde Gesichter und keiner kennt meinen Namen.
Alles gewinnen beim Spiel mit gezinkten Karten.
Alles verlieren - Gott hat einen harten linken Haken.
Ich grabe Schätze aus in Schnee und Sand
Und Frauen rauben mir jeden Verstand.
Doch irgendwann werd ich vom Glück verfolgt
Und komm zurück mit meinen Taschen voll Gold.
Ich lad die alten Vögel und Verwandten ein
Und alle fangen vor Freude an zu weinen.
Wir grillen, die Mamas kochen und wir saufen Schnaps
Und feiern eine Woche jede Nacht.

Und der Mond scheint hell auf mein Haus am See,
Orangenbaumblätter liegen auf dem Weg.
Ich hab 20 Kinder, meine Frau ist schön.
Alle kommen vorbei, ich brauch nie raus zu gehen.
Im Traum gesehen ... das Haus am See.

Und am Ende der Straße steht ein Haus am See,
Orangenbaumblätter liegen auf dem Weg.
Ich hab 20 Kinder, meine Frau ist schön.
Alle kommen vorbei, ich brauch nie raus zu gehen.

Hier bin ich geboren, hier werd ich begraben,
Hab taube Ohren, ´nen weißen Bart und sitz im Garten.
Meine 100 Enkel spielen Cricket auf 'm Rasen.
Wenn ich so daran denke, kann ich ´s eigentlich kaum erwarten.

Musik: Vincent Graf von Schlippenbach, David Conen, Pierre Baigorry, Ruth Maria Renner
Text: David Conen, Pierre Baigorry

1. Ist die Aussage richtig (r) oder falsch (f)? Kreuzen Sie an.

	r	f
1. Er geht durch die Stadt.	☐	☐
2. Gesichter, Häuser und Geschäfte sind neu.	☐	☐
3. Die Frau soll ein schnelles Auto haben.	☐	☐
4. Er schaut sich nach einem neuen Land um, wo ihn niemand kennt.	☐	☐
5. Er findet Wertvolles an sehr unterschiedlichen Plätzen.	☐	☐
6. Frauen machen ihn nicht verrückt.	☐	☐
7. Er kehrt zurück und war nicht erfolgreich.	☐	☐
8. Alle trauern und beginnen zu weinen.	☐	☐
9. Sie braten Würste und Steaks.	☐	☐
10. Er hat 100 Enkelkinder.	☐	☐

Schwieriger, weil hier Synonyme verwendet sind. (ab **B2**)

2. Beantworten Sie die Fragen.

1. Wo läuft er? ______________________
2. Wen kennt er? (2) ____________ / ____________
3. Wer blendet? ______________________
4. Wer singt für ihn? ______________________
5. Wohin läuft er? ______________________
6. Wie viele Kinder hat er? ______________________
7. Was sucht er? ______________________
8. Wer kocht? ______________________
9. Wie lange feiern sie? ______________________
10. Wie viele Enkel spielen Cricket? ______________________

(ab **A1**)

1. Ordnen Sie den Wörtern des Textes je fünf Wörter aus der Tabelle zu.

das Meer | die Eiche | der Stern | der Sturm | die Mutter | gestern | der Orkan | der Kaffee | die Oma | der Monat | das Ohr | die Limonade | die Kastanie | der Fluss | der Himmel | der Gegenwind | die Nase | die Wolke | der Regenbogen | der Lindenbaum | der Regen | morgen | der Mann | der Mund | der Bach | der Apfelsaft | der Taifun | der Kirschbaum | die Großmutter | die Sternschnuppe | der Montag | die Stirn | der Tee | die Pfütze | die leichte Brise | die Wange | die Milch | der Großvater | der Sonntag | der Apfelbaum

Wort aus dem Text	Wörter aus der Tabelle
1. der See	
2. das Gesicht	
3. die Sonne	
4. die Frau	
5. die Woche	
6. der Rückenwind	
7. der Schnaps	
8. der Orangenbaum	

WS
Lassen Sie nicht die ganze Aufgabe von allen lösen. Teilen Sie in Gruppen oder Paare ein, dann Austausch der Ergebnisse und Erklärungen. (ab **A1**) *Es gibt noch mehr Wörter, z. B. der Wagen, der Daumen, die Taube usw.*

2. Was können Sie „trinken", „sehen", „spüren", „hören" und „riechen"? Nutzen Sie die Wörter aus der Aufgabe WS 1.

WS
An Tafel notieren. 5 Sinne aktivieren mit Beispielen. (ab **A1**)

3. Bilden Sie Komposita mit „...weg" und „Weg...".

Beispiel: der Holzweg, der ________weg, der ________weg, der ________weg, der ________weg

Beispiel: der Weggefährte, _____ Weg________ , _____ Weg________ , _____ Weg________ ,

WS
Wörterbucharbeit. (ab **A1**)

GR

Helfen Sie bei der Subjektfindung oder lassen Sie diese zuerst unterstreichen. (ab **A1**)

1. Ergänzen Sie das konjugierte Verb.

1. Du ___________ durch die Straßen.	(laufen)
2. Er ___________ die Gesichter.	(kennen)
3. Sie ___________ auf 'nen schicken Mann.	(warten)
4. Die Lampe ___________ das Kind.	(blenden)
5. Wir ___________ klein.	(werden)
6. Ihr ___________ für die Gäste.	(singen)
7. Die Familie ___________ im Lotto.	(gewinnen)
8. Thomas und Anne ___________ die Fotos.	(suchen)
9. Das Kind ___________ die Tasche.	(verlieren)
10. Sie ___________ eine Party.	(feiern)

GR

Wiederholung und Erinnerung trennbarer Verben mit etwas schwierigerem Kontext. (ab **B1**)

2. Welches Verb gehört in die Lücke? Entscheiden Sie.

weg müssen | vorbeifliegen | abholen | zurücklehnen | geradeaus laufen | zurückkommen | einladen | anfangen | vorbeikommen | rausgehen | ausgraben |

Beispiel: Ich brauche Veränderung. Ich _____ hier _____.
Ich muss hier weg.

1. Das Zimmer ist unordentlich. Hier ___________ einige Sachen ___________.
2. Der Archäologe ___________ die Mumie ___________.
3. Heute habe ich frei. Da ___________ ich mich mal ___________ und ruhe mich aus.
4. ___________ du ___________ oder soll ich ___________?
5. ___________ Sie einfach ___________! Dann kommen Sie schon an Ihr Ziel.
6. Die Zeit ___________ ___________. Jetzt ist schon wieder Herbst.
7. ___________ wir bei dem Wetter ___________? Nein, es regnet zu stark.
8. Ich ___________ das Paket von der Post ___________. Das brauchst du nicht zu machen.
9. Heute ___________ ich mir Freunde ___________. Ich habe sie schon angerufen.
10. Ich ___________ nächste Woche von meiner Reise ___________.
11. Wir ___________ schon mal ___________. Du kommst dann später dazu.

@

Da von verschiedenen Seiten Informationen zusammengetragen werden müssen, ist es etwas schwieriger. (ab **B2**)

1. Recherchieren Sie im Internet.

http://de.wikipedia.org/wiki/Peter_Fox , http://de.wikipedia.org/wiki/Seeed

1. Wer ist Peter Fox?	
2. Was sind die Erfolge von Peter Fox?	
3. In welcher Gruppe ist er auch Sänger?	
4. In welchen Ländern war Seeed bisher erfolgreich? Wo hatten sie als erste deutschsprachige Band einen Nr.1-Hit?	
5. Schauen Sie sich ein Video / einen Liveauftritt von Seeed an, z. B. http://www. http://www. myspace.com/seeed „Seeed Live in Karlsruhe". Wie finden Sie die Musik und das Konzert? Würden Sie auch zu Seeed gehen? Warum oder warum nicht?	
6. Wer hat den 2. Platz beim Bundesvision Song Contest 2009 erzielt? Woher kommt die Band und in welcher Sprache singt sie?	

3. Hören Sie und ergänzen Sie die Informationen.

Mit dieser Übung können Sie trainieren, dass manchmal die Information vor dem Signalwort steht. Außerdem können Sie das Spekulieren üben. „Wer blendet – das Licht, die Sonne? Schwierigkeit bei Prüfungen. (ab **B2**)

1. Wer blendet? ____________________
2. Wer wird hinter mir langsam klein? ____________________
3. Wer singt für ihn? ____________________
4. Wo steht das Haus am See? ____________________
5. Wann hat er das Haus am See gesehen? ____________________
6. Was gräbt er aus Schnee und Sand? ____________________
7. Wer raubt ihm den Verstand? ____________________
8. Wer fängt an zu weinen? ____________________
9. Wer scheint hell auf sein Haus am See? ____________________
10. Was liegt auf dem Weg? ____________________

4. Ordnen Sie die Strophen und die Refrains.

Zerschneiden Sie den Text in Strophen und Refrains. Folie ist Gruppen-, Kopie ist Partnerarbeit (ab **A1**)

4.Setzen Sie das passende Verb in die Lücke.

WS

Lassen Sie selbst noch andere Möglichkeiten der Verbbildung finden. (ab **B2**)

1. ab-, auf-, nachholen
   - a) Ich muss die Stunde ____________.
   - b) ________ du das Kind vom Kindergarten ______?
   - c) Ich muss den Rückstand _________.

2. zurück-, ab-, anlehnen
   - a) Heute mache ich nichts. Ich _________ mich einfach mal ______.
   - b) Das Angebot muss ich leider ____________.
   - c) Zum Trost _________ man sich an seine beste Freundin oder an den Freund ______.

5.Ordnen Sie die synonymischen Umschreibungen zu.

WS

Nach der Lösung dieser Aufgabe ist eine Interpretation des Textes möglich. (ab **B2**)

1. kenn die Gesichter, jedes Haus	a) Gott bestraft ziemlich hart.		
2. Ich habe den Tag auf meiner Seite.	b) Mir ist alles vertraut.		
3. Ich habe Rückenwind.	c) Freunde einladen		
4. mit gezinkten Karten spielen	d) etwas macht verrückt		
5. Ich muss mal weg.	e) reich sein	5	e
6. Gott hat einen harten linken Haken.	f) Der Tag bringt mir Glück.		
7. den Verstand rauben	g) mit präparierten Karten spielen		
8. Taschen voll Gold	h) Ich brauche Veränderung.		
9. alte Vögel und Verwandte einladen	i) Ich habe Unterstützung.		

3. Ergänzen Sie die Sätze. Setzen Sie das passende Pronomen ein.

GR

Achtung! Nicht alle Pronomen im Nominativ, auch im Dativ und Akkusativ. (ab **A2** mit Unterstützung)

Beispiel: Ich warte auf <u>eine Frau</u>. Ich weiß, <u>sie</u> wartet auch auf mich.

1. Ich spüre die Sonne. Ich spüre _______ auf meiner Haut.
2. Ich suche neues Land. _______ ist mir unbekannt.
3. Er hat eine Frau gesehen. Er folgt _______.
4. Er muss sich mal verändern. Das glaube ich _______.
5. Er und sie haben ein Haus am See. Das Haus gehört _______.
6. Sein Name ist unbekannt. Keiner kennt _______.
7. Der Mond scheint. _______ scheint heute hell.
8. Der Tag ist gut für mich. _______ ist wie für mich gemacht.
9. Rückenwind mag ich. _______ hilft mir.
10. Gegenwind mag ich nicht. _______ finde ich anstrengend.

Signalwörter gleich. (ab **A2**)

1. Hören und ergänzen Sie die Information.

1. Was hat er gelernt? ______
2. Wen soll er sich angucken? ______
3. Was gibt dir Onkel Werner? ______
4. Was hat er in den Hosen? ______
5. Was soll er seiner Mutter nicht brechen? ______
6. Wo soll er sich einschreiben? ______
7. Wofür hat er sich früher interessiert? ______
8. Wo hat er Löcher? ______
9. Was will niemand hören? ______
10. Was machen sich die Eltern? ______

Signalwörter unterschiedlich. (ab **C1**)

2. Hören und ergänzen Sie die Information.

1. An wem soll er sich ein Vorbild nehmen? ______
2. An wen soll er sich wenden? ______
3. Worum soll er ihn bitten? ______
4. Wen soll er nicht traurig machen? ______
5. Wofür ist es noch nicht zu spät? ______
6. Wofür hat er sich früher interessiert? ______
7. Worüber könnten sich die Nachbarn beschweren? ______
8. Wovor warnen die Eltern (die Mutter) ihn? ______
9. Wovon sind die Eltern überzeugt? ______
10. Woran soll der denken? ______

WS (ab **B2**)

1. Ordnen Sie zu.

1. den Dieter angucken, der hat sogar ein Auto	A ratlos sein		
2. Onkel Werner gibt dir eine Festanstellung.	B nicht die richtigen Freunde haben		
3. der Mutter nicht das Herz brechen	C eine Alternative sein		
4. Wäre das nichts für dich?	D ein liebes, braves Kind sein		
5. nicht mehr weiter wissen	E eine Arbeit geben		
6. schlechter Umgang	F die Mutter nicht enttäuschen		
7. an die Eltern denken	G jemanden zum Vorbild nehmen		
8. ein süßes Kind sein	H so handeln, dass die Eltern sich nicht schämen müssen		
9. Wie du wieder aussiehst!	I vorausdenken		
10. an die Zukunft denken	J Du bist so ungepflegt.		

WS (ab **B1**)

2. Unterstreichen Sie das passende Adjektiv.

1. nichts gelernt haben – faul / fleißig / sauber
2. wie du wieder aussiehst – hell / schmutzig / laut
3. mir fehlen die Worte – unanständig / sprachlos / angenehm
4. ständig dieser Lärm – leise / laut / lieblich
5. Sorgen machen – freudig / sorglos / sorgenvoll
6. süßes Kind sein – niedlich / hässlich / grauenvoll
7. Guck dir den Dieter an. – vorbildlich / unangenehm / hässlich
8. hat ein Auto – langweilig / erfolgreich / hochnäsig

3. Wer hat schon mal Probleme/Differenzen mit den Eltern gehabt?
Erstellen Sie eine Statistik im Kurs. (Stichpunkte, z. B.: Kleidung (A), Musik (B), abends weggehen (C), Ordnung und Sauberkeit des Zimmers(D), Taschengeld (E))

(1-12 = Anzahl der Schüler / KT)

1					
2					
3					
4					
5					
6					
7					
8					
9					
10					
11					
12					
	A	B	C	D	E

WS

Geben Sie Redemittel (s. S. 72) für Statistikbeschreibung. (ab **A2**)

4. Beschreiben Sie den Jungen. Wie sieht er aus?

WS

Wortschatz vorher klären. Aufgabe an die Tafel. Nach Beschreibung auch malen. (ab **A2**)

1. Entscheiden Sie: Welche Präposition ist richtig?
Bilden Sie persönliche Beispielsätze.

über | an | von | um | an | an | für | bei | für | vor

GR

Kann vor 2 stehen. (ab **B1**)

	Persönlicher Beispielsatz
1. sich ein Vorbild nehmen _______	______________________________
2. sich wenden _______	______________________________
3. bitten _______	______________________________
4. noch nicht zu spät sein _______	______________________________
5. sich interessieren _______	______________________________
6. beschweren _______ / _______	______________________________
7. warnen _______	______________________________
8. überzeugt sein _______	______________________________
9. denken _______	______________________________

2. Was soll er machen? Ordnen Sie die Sätze.

1. Er / sich / ein Beispiel / nehmen / soll / an Dieter
   ____
2. gehen / in die Werkstatt / von Onkel Werner / Er / soll
   ____
3. sich / soll / färben / nicht die Haare / Er
   ____
4. soll / keine kaputten Hosen / Er / tragen
   ____
5. nicht das Herz / seiner Mutter / Er / brechen / soll
   ____

GR

Wiederholung Satzbau. (ab **B1**)
Sie können hier auch eine Übung indirekte Rede formulieren. (dann ab **B2**)

Signalwörter gleich. (ab **A2**) *Vorentlastung mit einer Deutschlandkarte und den Namen deutscher Bundesländer bzw. regionaler Zugehörigkeiten.*

1. Hören und ergänzen Sie die Information.

1. Was ist zurückzuweisen? ______________________________
2. Wer serviert dir schlecht riechende Eier? ______________________________
3. Wo leuchten nachts die Schweinehaxen? ______________________________
4. Wo würgt man beim Essen? ______________________________
5. Wo winken aus der Leberwurst Schaben? ______________________________

(ab **B2**)

2. Hören Sie die Eigenschaften.

1. Wie sind die Preise? ____________________
2. Wie riechen die Eier? ____________________
3. Wie sind die Pilze? ____________________
4. Wie ist das Törtchen? ____________________
5. Wie sind alle Speisen? ____________________

WS

Gemeinsames Arbeiten mit Geographie-Lehrern möglich. (ab **C1**)

1. Was reimt sich auf ...? Suchen Sie passende Lebensmittel / Speisen / Getränke usw. Erweitern Sie das Lied.

Beispiel: Oder will man dich verführen in Thüringen mit leckeren Zwiebelringen?

1. Bremen
2. Hamburg
3. Berlin-Brandenburg
4. Baden-Württemberg
5. Nordrhein-Westfalen
6. Schleswig-Holstein
7. Saarland
8. Mecklenburg-Vorpommern
9. Niedersachsen
10. Rheinland-Pfalz

WS

(ab **C1**)

2. Wer oder was kann ...? Ordnen Sie zu.

das T-Shirt | die Lampe | der Taucher | manche Vögel | der Komet | der Wal | die Augen | die Seerobbe | das Zimmer | das Brot | ein Gesicht vor Freude | das Fleisch | die Hose | die Zeit | Lebensmittel | Kleidung | eine Ecke in einer Stadt

1. verdrecken ______________________________
2. verschimmeln ______________________________
3. vergammeln ______________________________
4. leuchten ______________________________
5. tauchen ______________________________

WS

Weisen Sie auf einen Nutzen dieser Umformung hin: Kosenamen. (ab **A2**)

3. Welche Bedeutung hat die Nachsilbe „-chen" bei den Wörtern „Plätzchen" und „Törtchen" im Lied? Bilden Sie weitere Varianten.

1. Maus / ____________ 2. Haus / ____________ 3. Bär / ____________
4. Horn / ____________ 5. Klaus / ____________ 6. Marie / ____________
7. Brot / ____________ 8. Locke / ____________ 9. Schneeflocke / ____________

WS

(ab **B1**)

4. Finden Sie Synonyme, synonymische Umschreibungen.

1. vergammelt ____________ 2. überhöht ____________ 3. schlecht riechen ____________
4. zurückweisen ____________ 5. würgen ____________ 6. winken ____________
7. empfehlen ____________ 8. verschimmelt ____________ 9. verdreckt ____________

1. Formen Sie die Partizipialkonstruktionen in Relativsätze um. (Beachten Sie Partizip I und Partizip II.)

GR
Partizip I: Aktivsätze,
Partizip II: Passivsätze
(ab **B2**)

Partizip I und II	**Relativsätze**
vergammelte Speisen	**Speisen, die vergammelt sind**
1. schlecht riechende Eier	
2. leuchtende Schweinehaxen	
3. überhöhte Preise	
4. winkende Schaben	
5. verschimmelte Pilze	
6. verdrecktes Törtchen	
7. ein mit Asche bestreutes Sandwich	
8. ein in Fischöl getauchtes Plätzchen	
9. ein gesungenes Lied	
10. ein von den Prinzen komponiertes Lied	
11. ein selbst gereimtes Lied	
12. ein komponierender Musiker	

2. Formen Sie die Relativsätze in Partizipialkonstruktionen um. (Beachten Sie Aktiv und Passiv.)

GR
Partizip I: Aktivsätze,
Partizip II: Passivsätze
(ab **B2**)

Relativsätze	**Partizip I und II**
Speisen, die vergammelt sind	**vergammelte Speisen**
1. Eier, die schlecht riechen	
2. Schweinehaxen, die leuchten	
3. Preise, die überhöht sind	
4. Schaben, die winken	
5. Pilze, die verschimmelt sind	
6. ein Törtchen, das verdreckt ist	
7. ein Sandwich, das mit Asche bestreut wurde / ist	
8. ein Plätzchen, das in Fischöl getaucht wurde	
9. ein Lied, das gesungen wird	
10. ein Lied, das von den Prinzen komponiert wurde	
11. ein Lied, das selbst gereimt ist	
12. ein Musiker, der komponiert	

3. Erweitern Sie die Partizipialkonstruktionen.

GR
(ab **C1**)

Beispiel: vergammelte Speisen - die im Kühlschrank vergammelten Speisen

1. die ______________________________ überhöhten Preise
2. die ______________________________ leuchtenden Schweinhaxen
3. die ______________________________ schlecht riechenden Eier
4. das mit ______________________________ Asche bestreute Sandwich
5. das ______________________________ verdreckte Törtchen
6. die ______________________________ verschimmelten Pilze
7. das ______________________________ gesungene Lied
8. die ______________________________ verbesserte Verpflegung
9. die ______________________________ winkenden Personen
10. die ______________________________ empfohlene Reaktion

Roland Kaiser: Wind auf der Haut und Lisa

Signalwörter gleich. (ab **A1**)

1. Hören und ergänzen Sie die Information.

1. Wer blüht heute? ______________________
2. Wie ist der Mund? ______________________
3. Wie ist mein Herz? ______________________
4. Welche Farbe hat das Haar? ______________________
5. Welche Farbe hat das Feld? ______________________
6. Wie war die Zeit? ______________________
7. Wie war der Kuss? ______________________
8. Wie war die Liebe? ______________________
9. Wie denkt er an sie zurück? ______________________
10. Wie war es mit ihr? ______________________

Signalwörter gleich. (ab **A1**)

2. Ist die Aussage richtig (r) oder falsch (f)? Kreuzen Sie an.

	r	f
1. Heute blüht der Mond.	☐	☐
2. Ihr Mund ist blass.	☐	☐
3. Sein Herz ist ruhig.	☐	☐
4. Ihr Haar ist blond.	☐	☐
5. Er hört es schreien.	☐	☐
6. Auf der Haut spürt er Wind und Lisa.	☐	☐
7. Es ist Frühlingszärtlichkeit.	☐	☐
8. Ihr Weg hat sich nicht getrennt.	☐	☐
9. Der Kuss war kurz.	☐	☐
10. Er denkt an sie zurück.	☐	☐

WS

(ab **A1**)

1. Ordnen Sie Wörter zu.

der Mond | der Wind | die Haut | der Mund | das Haar | der Fluss | der Weg | das Feld | das Herz | der Frühling | das Auge | das Ohr | die Nase | der Stern

Mensch / Körper	Natur

WS

Verteilen Sie die Wörter auf die Schüler oder Kursteilnehmer. Wörterbucharbeit! (ab **A1**)

2. Bilden Sie Komposita. Nutzen Sie die Angebote.

der Schein | die Zeit | das Feld | die Strähne | das Licht | das Fußball | der Arzt | die Hand | der Pilz | der Arm | das Spiel

1. das Korn________ / 2. das ________feld / 3. der Mond________ / 4. die Haar________
5. der Fluss________ / 6. die Kuss________ / 7. der Haut________ / 8. die Jahres________
9. das Wind________ / 10. der Glücks________ / 11. das Liebes________

WS

Erweitern Sie selbst an der Tafel. Wörterbucharbeit! (ab **A2**)

3. Wie heißen die Synonyme / synonymischen Umschreibungen und Antonyme?

1. aufblühen ____________ / ____________
2. duften ____________ / ____________
3. flüstern ____________ / ____________
4. kommen ____________ / ____________
5. stehen ____________ / ____________
6. lieben ____________ / ____________
7. erzählen ____________ / ____________
8. trennen ____________ / ____________

1. Konjugieren Sie die Verben.

GR
(ab **A1**)

	blühen	stehen	hören	sagen	denken
ich	___	___	___	___	___
du	___	___	___	___	___
er / sie / es	___	___	___	___	___
wir	___	___	___	___	___
ihr	___	___	___	___	___
sie	___	___	___	___	___

2. Bestimmen Sie die Zeitformen der Verben. Kreuzen Sie an.

GR
(ab **A2**)

	Präsens	**Präteritum**	**Perfekt**
1. der Mond blüht			
2. das Korn stand da			
3. hat sich getrennt			
4. du bist schön			
5. schön war es			
6. du sagst			
7. komm zurück			
8. ein Jahr verblüht			
9. ein Traum verglüht			
10. ich denke			

1. Recherchieren Sie im Internet.

@

Überprüfen Sie, ob die Internetseiten (www.roland-kaiser.de / www.youtube.de) aktivierbar sind. Auch wenn nicht alles durchdrungen wird, so ist es doch motivierend im Internet Informationen zu sammeln. Schlagwörter lesen lernen!
Achtung: Diese Fragen sind ein Angebot. Teilen Sie die Aufgaben auf. Die KT können dann im Plenum ihre Ergebnisse vorstellen.
(mit Hilfestellung ab **A2**)

Geben Sie vielleicht etwas vor: Pop, Schlager, Folkmusik, Hip Hop, Heavy Metal, Punk. Aufgaben 9 und 10 Zusatzaufgaben.

1. Wo suchen Sie nach Informationen über Roland Kaiser?	
2. Wo können Sie sich Musik von ihm anhören?	
3. Wie gefällt Ihnen die Musik? Suchen Sie Adjektive, um die Musik zu beschreiben?	
4. Welcher Musikstil ist das?	
5. Sammeln Sie biografische Daten. (Geburtstag, Geburtsort, richtiger Name, Start der musikalischen Karriere, usw.)	• • • •
6. Mit welchem Lied kam der kommerzielle Durchbruch?	
7. Was sind andere erfolgreiche Lieder? Sammeln Sie die Namen. Worum geht es wahrscheinlich in allen Liedern?	• • •
8. Tauschen Sie die Ergebnisse mit Ihrem Nachbarn aus.	
9. Mit welchem Sänger oder welcher Sängerin ist Roland Kaiser aus Ihrem Heimatland zu vergleichen?	
10. Tauschen Sie Ihre Informationen aus und zeigen Sie diese Ihrem Nachbarn im Internet.	

Signalwörter gleich.
(ab **A2**)

1. Hören und entscheiden Sie.

1. Der Ort hier soll
   A) unsicher sein.
   B) sicher sein.
   C) nicht zu finden sein.
2. Das Wort von heute
   A) soll morgen nicht mehr gelten.
   B) soll morgen genauso gelten.
   C) soll ewig gelten.
3. Sie denkt, dass ...
   A) die Welt schnell und langsam ist.
   B) die Welt sich dreht.
   C) die Welt schnell ist und nicht beständig ist.
4. Du sollst ihr
   A) Sicherheit geben.
   B) Geld geben.
   C) Glück geben.
5. Sie will einfach nur
   A) ein bisschen Kontakt.
   B) jemand zum Reden.
   C) ein bisschen Halt.
6. Du sollst ihr etwas geben, was ...
   A) zu ihr gehört.
   B) bleibt.
   C) sie vermisst.
7. Sie denkt, dass ...
   A) sie verrückt wird.
   B) die Welt zerstört wird.
   C) die Welt den Verstand verliert.
8. Wir sollen sie aus ... holen.
   A) dem brennenden Haus
   B) dem schnellen Auto
   C) der schnellen Zeit

WS

Über diese Aufgabe kann der Sinn des Liedes erarbeitet werden. Ein bisschen Interpretation.
(ab **C1**)

1. Was heißt das? Kreuzen Sie an.

1. mein Wort gilt
   A) auf mich ist Verlass
   B) die Wörter sind nicht wahr
   C) mein Wort ist das einzig Richtige
2. das Gute steht hier still
   A) alles Gute ist in Bewegung
   B) das Gute verändert sich ständig
   C) das Gute ist hier unveränderlich das Gute
3. alles bleibt beim Alten
   A) es bleibt unveränderlich
   B) alles wird erneuert
   C) alles gehört den Alten
4. jemandem Halt geben
   A) balancieren
   B) jemanden festbinden
   C) jemandem Sicherheit geben
5. ein bisschen Geschwindigkeit nehmen
   A) ein bisschen Ruhe in das Leben bringen
   B) schneller fahren
   C) mehr erleben wollen
6. das Hier bleibt unberührt
   A) man ist noch nie dort gewesen
   B) der Ort bleibt von allen Veränderungen unangetastet
   C) das Hier wird verändert

Wonach sucht jemand, wenn er/sie diese Formulierungen benutzt? Antworten Sie bitte in einem Satz.

____

____

1. Wählen Sie das richtige Indefinitpronomen.

GR
(ab **B1**)

irgendwas | irgendjemand | irgendeinem | irgendwo | irgendwie | irgendwann | irgendwann | irgendwohin | irgendeinen | irgendwelche

Beispiel: Gib mir ______________, das bleibt. Gib mir irgendwas, das bleibt.

1. Wo habe ich meine Brille? ______________ in der Küche liegt sie.
2. ______________ reicht es. Ich suche nicht mehr. Das dauert zu lange.
3. Wann wirst du abreisen? ______________, ich weiß es noch nicht genau.
4. Ich wollte noch etwas erledigen. ______________. Mir fällt es gleich ein.
5. Was machst du im Urlaub? Ich werde ______________ fahren, wo ich meine Ruhe habe.
6. ______________ hat mir gesagt, dass Werner und Johanna nicht mehr zusammen sind.
7. Wem hast du das Buch gegeben? ______________ Mädchen aus der Parallelklasse.
8. Wie kommst du nach Dresden? Mit dem Auto oder der Bahn. ______________ komme ich schon dahin.
9. ______________ Leute müssen sich immer streiten. Ohne geht es nicht.
10. ______________ Satz habe ich vergessen. Aber ich weiß nicht welchen.

2. Ergänzen Sie die Endungen.

GR
(ab **A2**)

1. Dies_____ Ort ist sicher.
2. Alles ist noch bei d_____ Alten geblieben.
3. Wir leben in ein_____ verrückten Welt.
4. In dies_____ Zeit verändert sich viel.
5. Die Welt verliert d_____ Verstand.
6. Ein_____ Freund Halt geben.
7. D_____ Geschwindigkeit aus d_____ Leben nehmen.
8. Ich wiege mich in ein_____ trügerischen Sicherheit.

1. Recherchieren Sie im Internet.

@
Kontrollieren Sie die Webseiten. Ergänzen oder verändern Sie die Fragen.
(ab **B1**)

Nutzen Sie www.wikipedia.de, um die Informationen zu „Silbermond" zu ergänzen.

1. In welcher Sprache sangen sie zuerst und wann entstanden die ersten deutschen Lieder?	
2. Wer spielt in der aktuellen Besetzung?	
3. Ab wann traten sie als „Silbermond" auf?	
4. Wie viele Alben haben sie bis jetzt veröffentlicht und welche?	
5. Auf welchem Album ist „Irgendwas bleibt"?	
6. Lesen Sie den Text, notieren Sie und singen Sie mit. http://www.youtube.com/watch?v=BQCLSDdQxLg	• • •
7. Gefällt Ihnen das Lied? Begründen Sie.	Ja: Nein:
8. Tauschen Sie sich mit Ihrem Nachbarn aus.	

Signalwörter gleich.
(ab **A1**)

1. Hören und ergänzen Sie die Information.

1. Wie alt war Jenny, als sie eine Schwester bekam? ____________
2. Wie alt war Jenny, als sie zu trinken anfing? ____________
3. Wie alt war sie, als sie auf Partys ging? ____________
4. Wie viele Tequila trank sie? ____________
5. Wann begann Justin zu rauchen? ____________
6. Wann fing er an zu kiffen? ____________
7. Wann war er das erste Mal besoffen? ____________
8. Die Kinder wollen nicht im Alter von _____ sterben. ____________

(ab **C1**)

2. Hören und ergänzen Sie die Information.

1. Was war Jenny nicht mehr, nachdem sie eine Schwester bekommen hatte?
   ____
2. Was war das, warum sie so stark zu trinken anfing?
   ____
3. Wer hatte keine Zeit?
   ____________ / ____________
4. Was konsumierte sie auf Partys?
   ____________ / ____________ / ____________
5. Was war Justin nicht gerade?
   ____
6. Wo fand man Justin nachts?
   ____
7. Wo wuchs er auf?
   ____
8. Welches Gefühl hat er?
   ____
9. Was ist nicht einfach, wenn man ein Kind hat?
   ____
10. Was muss man alles, wenn man Kinder hat?
   ____________ / ____________ / ____________ / ____________

WS

Manche Verben können mehrmals benutzt werden. Weisen Sie darauf hin.
(ab **B2**)

1. Welches Verb passt zum Nomen? Ordnen Sie zu. Finden Sie weitere Verben.

stehen | weglegen | bekommen | anfangen | austreiben | zeigen | schieben | hören

1. Handy ____________ / ____________ / ____________ / ____________
2. Schwester ____________ / ____________ / ____________
3. Hilfeschrei ____________ / ____________
4. Mittelpunkt ____________ / ____________
5. Krise ____________ / ____________
6. Flausen ____________
7. mit dem Trinken ____________
8. Zuneigung ____________

Schreiben Sie Beispielsätze aus Ihren Ergebnissen.

____
____
____
____
____
____

**1. Ordnen Sie die Präteritumformen in die Tabelle ein.
Wie heißt das Perfekt?**

GR
(ab **A2**)

war | bekam | stand | ging | hatte | wuchs auf | sagte

	Infinitiv	Präteritum	Perfekt
1	stehen		
2	gehen		
3	bekommen		
4	aufwachsen		
5	haben		
6	sein		
7	sagen		

2. Was fehlt? Ergänzen Sie. Setzen Sie auch einen Punkt an jedem Satzende.

GR
Übung folgt dem Prüfungsmuster Leseverstehen. (ab **B2**)

niedlich | lernen | haben | Tochter | ertragen | Party | auf | sagen | Alkohol | zeigen

1. Sie war mit sechs Jahren sehr ______________
2. Ihre Mutter bekam noch eine ______________
3. Sie geht mit 14 Jahren auf eine ______________
4. Sie trinkt zu viel ______________
5. Wir müssen den Eltern etwas ______________
6. Hey, Mama mach die Augen ______________
7. Wie viel Traurigkeit kann man ______________
8. Kein wirkliches Zuhause ______________
9. Eltern müssen Zuhören ______________
10. Man soll Zuneigung und Liebe ______________

1. Recherchieren Sie im Internet.

@
Kontrollieren Sie die Webseiten. Ergänzen oder verändern Sie die Fragen. (ab **B1**)

Nutzen Sie die Informationen von www.wikipedia.de, um die Informationen zu „Sido" zu ergänzen.

1. Welche Musik macht Sido?	
2. Wo wuchs Sido auf?	
3. Wie heißt er mit bürgerlichem Namen? Was ist der Name „Sido"?	
4. Was sind seine bisher größten Erfolge?	• •
5. Wie lange trug Sido seine Maske? Was ist sie jetzt für ihn?	
6. Lesen Sie den Text, notieren Sie und singen Sie mit (Karaoke-Version) http://www.youtube.com/watch?v=zTNTi5r9kIM Worum geht es im Lied?	
7. Gefällt Ihnen das Lied? Begründen Sie. Notieren Sie Stichpunkte.	Ja: Nein:
8. Tauschen Sie sich mit Ihrem Nachbarn aus.	

Lied 1 (S. 12-15)
Gerhard Schöne (In die Federn, husch, husch)
1 1f • 2r • 3f • 4r • 5f • 6f • 7f • 8r • 9r • 10f
2 1b • 2c • 3a • 4c • 5a • 6a • 7c • 8b • 9a • 10c
3 1 <u>öffnen</u>/schließen • 2 <u>munter</u>/müde • 3 <u>munter</u>/müde • 4 <u>Frühschicht</u>/Nachtschicht • 5 <u>Katze</u>/Kater • 6 <u>sehr</u>/nicht • 7 <u>laut</u>/leise • 8 <u>schwarz</u>/rot • 9 <u>Traumfrau</u>/Traummann • 10 <u>hinterm</u>/vorm
WS 1 Kater/Katze • müde/munter • leise/laut • Abendbrot/Frühstück • Traummann/Traumfrau • auf/unter • raus/rein • öffnen/schließen
WS 2 a) der Abend/die Nacht/die Zeit, schlafen zu gehen • b) ins Bett gehen
WS 3 die Farbe/färben/gefärbt • die Müdigkeit/ermüden/müde • die Ausführung/ausführen/ausführlich • der Schaden, die Schädigung/schaden/schädlich • die Sicht, das Sehen/ sehen/ersichtlich • die Lenkung, das Lenken/lenken/ lenkbar • der Traum/träumen/träumerisch • der Wurf, das Werfen/ werfen/verwerflich
GR 1 1a • 2c • 3b • 4a • 5c • 6a • 7a • 8b • 9c • 10c
GR 2 1 schließen • 2 färbt • 3 gähnt • 4 muss • 5 bin • 6 liegt • 7 haben • 8 lenkt • 9 fährt • 10 sieht
GR 3 1 Blumen • 2 Blüten • 3 der Goldfisch • 4 Federn • 5 Nachbarn •
6 das Haus • 7 der Traummann • 8 das Boot • 9 die Träume • 10 der Busch
GR 4 1 als • 2 wenn • 3 wenn • 4 als • 5 als • 6 wenn • 7 wenn • 8 als • 9 als • 10 wenn

Lied 2 (S. 16-19)
Herbert Grönemeyer (Mensch)
1 Kontrolle über Originaltext
2 1 alles richtig und gut • 2 nichts • 3 Flut • 4 auf Sand • 5 Sonnenzeit • 6 das Firmament • 7 deinen Frieden • 8 deine Liebe • 9 dein Wort • 10 gleichmäßig
3 1C • 2B • 3C • 4C • 5B • 6B • 7C • 8B • 9A • 10B
4 1f • 2r • 3f • 4f • 5f • 6f • 7f • 8r • 9r • 10f
WS 2 fluten • das Leben • verstehen • träumen • das Vergessen/die Vergesslichkeit • die Wärme • die Erzählung • lachen • irren • das Mitgefühl
WS 3 1 Geborgenheit geben • 2 Fehler machen • 3 etwas Unangenehmes wegschieben • 4 Leid teilen • 5 sich für eine Sache einsetzen • 6 an einer Idee festhalten
WS 4 schwärmerisch/realisieren/realistisch • lächerlich/weinen/weinerlich • öffentlich/geschlossen/ • kämpferisch/versöhnen/versöhnlich • liebevoll, lieblich/• hassen/hässlich • vergeblich/nachtragen/nachtragend sein • gläubig/ ungläubig • fehlbar/ unfehlbar
GR 6 1 denn • 2 da • 3 nämlich • 4 weil • 5 wegen • 6 deshalb
GR 7 wärmen/wärmte/gewärmt • vergessen/vergaß/vergessen • verdrängen/verdrängte/verdrängt • irren/irrte/geirrt • wollen/wollte/gewollt • mitfühlen/fühlte mit/mitgefühlt • sein/war/gewesen • vergeben/vergab/vergeben • 9 heißen/hieß/geheißen

Lied 3 (S. 20-23)
Ganz Schön Feist (Es ist gut, wenn du weißt, was du willst)
1 Kontrolle über Originaltext
2 1c • 2c • 3c • 4a • 5b • 6c • 7a • 8c • 9b • 10b
3 Kontrolle über Originaltext
4 Kontrolle über Originaltext
WS 2 1b • 2e • 3d • 4j • 5h • 6a • 7f • 8i • 9g • 10c
WS 3 z. B. verloren – Ohren • ein – Sein • ist – bist
WS 4 z. B. Nacht • Spaziergang • Lied • Vogel • Tag
GR 1 gut, wenn = Nebensatz • weißt, was = Relativsatz mit „was" • willst, ist = Nebensatz-Hauptsatz-Trennung
GR 2 1 ihr wisst/wollt • 2 ich weiß/will
GR 3 1 das wunderschöne • 2 die wunderschönen • 3 dem wunderschönen • 4 dem wunderschönen • 5 des wunderschönen
GR 4 1 entscheiden würde • 2 reden würde • 3 handeln als reden würde • 4 überlassen würde • 5 annehmen würde
GR 5 1 entschieden hätte • 2 geredet hätte • 3 gehandelt als geredet hätte • 4 überlassen hätte • 5 angenommen hätte
GR 6 1 ich/mich • 2 er/sich • 3 sie/sich • 4 wir/uns • 5 ihr/euch • 6 sie/sich

Lied 4 (S. 24-27)
Die Fantastischen Vier (Mit freundlichen Grüßen)
1 Kontrolle über Originaltext
3 3/1/5/2/7/4/6/9/8/10
WS 2 1 ZDF = Zweites Deutsches Fernsehen • 2 BRD = Bundesrepublik Deutschland • 3 DDR = Deutsche Demokratische Republik • 4 BSE = Bovine Spongiforme Encephalopathie • 5 HIV = Human Immunodeficiency Virus • 6 DRK = Deutsches Rotes Kreuz • 7 UKW = Ultrakurzwelle • 8 ABS = Anti-Blockier-System • 9 PLZ = Postleitzahl • 10 KMH = Kilometer pro Stunde • 11 SOS = Save our Ship • 12 BWL = Betriebswirtschaftslehre
WS 3 1 BSE/HIV • 2 LSD/XTC • 3 DPD/UPS • 4 EMI/BMG • 5 C&A/H&M • 6 KMH/LTU/BMW/ICE • 7 TNT/LSD • 8 GbR/GmbH/BWL • 9 IRA/RAF/KKK • 10 VfB/HSV
WS 4 1 Organisationen, die helfen • 2 Paketzustelldienste • 3 Krankheiten und medizinische Hilfsorganisation • 4 Geschwindigkeit, Zug und Unglücksort in Deutschland • 5 Organe, Kontrollmessung und Krankenkasse • 6 Musik • 7 Wirtschaftspolitik (Zeitung, Studium, Partei) • 8 Datenverarbeitungssysteme • 9 politische Organisationen und Bewegungen • 10 Hilfsmöglichkeiten bei Seenot, Polizei und Feuer
WS 5 z. B:1 Erholungszentrum/Zentrumspartei • 2 Sportbund/Bundstifte • 3 Sportverein/Vereinshaus • 4 Düngemittel/Mittelmaß
GR 1 Maskulin: Virus/Verein/Kilometer/Hals/Club Plural: Viren/Vereine/Kilometer/Hälse/Clubs • Neutrum: (Virus) Fernsehen/ Recht/Kreuz/System/Ohr/Video/Kaufhaus Plural: Rechte/Kreuze/Systeme/Ohren/Videos/Kaufhäuser • Feminin: Republik/Gesellschaft/Haftung/Armee/Welle/Partei/Nase Plural: Republiken/Gesellschaften/Haftungen/Armeen/Wellen/Parteien/Nasen
GR 2 1 das/der • 2 die/das • 3 die/die • 4 der/der • 5 der/die • 6 die/die
GR 3 Die Welt liegt uns zu Füßen, weil wir drauf stehen./ „weil = Nebensatzkonnektor= konjugiertes Verb am Ende.
GR 4 Nebensatz vor Hauptsatz, deshalb rückt Verb auf 1. Position im Hauptsatz.
GR 5 1 die • 2 die • 3 der • 4 der • 5 der • 6 die • 7 die • 8 die • 9 das • 10 die

Lied 5 (S. 28-31)
Tokio Hotel (Monsun)
1 1 das Fenster • 2 voll und leer (von dir) • 3 die Kerze • 4 eine Ewigkeit • 5 schwarze Wolken • 6 durch den Monsun / hinter die Welt • 7 zusammen • 8 halber Mond • 9 deinen Namen • 10 durch die Mächte
2 1 draußen / drinnen • 2 an / aus • 3 ´ne kurze Zeit / eine Ewigkeit • 4 weiße / schwarze • 5 will / muss • 6 ganzer / halber • 7 dir / mir • 8 Sturm / Orkan • 9 allein / zusammen
3 1 das Fenster • 2 leer und voll • 3 die Kerze • 4 eine Ewigkeit • 5 schwarze Wolken • 6 durch den Monsun / hinter die Welt (laufen) usw. • 7 zusammen laufen • 8 halber Mond • 9 deinen Namen • 10 die (dunklen) Mächte
WS 1 1d • 2c • 3f • 4e • 5a • 6b • 7g • 8i • 9j • 10g
WS 2 1 ausgehen • 2 aufziehen • 3 versprechen • 4 finden • 5 zusammen laufen • 6 halten
WS 3 Monsun / Wolken / Sturm / Orkan / Regen • Taifun / Gewitter / Schlamm / Überschwemmung / Schneesturm / Sonne
WS 4 1 vorbei / ab • 2 ab • 3 vor • 4 nach • 5 zu / weg • 6 weg / zu
GR 1 1c • 2b • 3c • 4a • 5b • 6b • 7a • 8c • 9c • 10b
GR 2 1 ist • 2 geht • 3 warte • 4 muss • 5 kann • 6 laufen • 7 hält • 8 versinkt • 9 weiß • 10 kämpfe
GR 3 1 die • 2 das • 3 den • 4 dem • 5 dem • 6 die
GR 4 bin / bist / ist / sind / seid / sind • gehe / gehst / geht / gehen / geht / gehen • warte / wartest / wartet / warten / wartet / warten •
falle / fällst / fällt / fallen / fallt / fallen • werde / wirst / wird / werden / werdet / werden
GR 5 1 der / Monsune • 2 die / Kerze • 3 die / Ewigkeiten • 4 die / Wolke • 5 die / Welten • 6 der / - • 7 der / Stürme • 8 der / Abgrund • 9 der / Monde • 10 die / Türen

Lied 6 (S. 32-35)
Christina Stürmer (Lebe lauter)
1 1 in den Spiegel • 2 das Idealbild • 3 eine Frage • 4 lauter • 5 perfekt sein • 6 ihrer Vorstellung • 7 wie man (es) dir sagt • 8 z. B. den schönen Schein, die perfekte Figur, eine strahlende Haut usw. (vergleiche Text) • 9 die Maske • 10 viel, viel lauter
2 1 wen / was • 2 Spiegelbild / Idealbild • 3 Antworten gibt / eine Frage stellt 4 kaputte / heile • 5 Himmel / Spiegel • 6 ihren Ideen / ihrer Vorstellung • 7 nicht gerne mag / nicht leiden mag • 8 Sonnenschein / schönen Schein • 9 die Stimme / die Maske • 10 leiser / lauter
3 richtig 3 / 4 / 7 / 9 • falsch 1 / 2 / 5 / 6 / 8 / 10
WS 1 A) 1 für den schönen Schein • 2 für eine perfekte Figur • 3 für eine strahlende Haut • 4 für eine adrette Frisur • 5 für einen flachen Bauch • B) 1 lauter • 2 wie man sich fühlt • 3 nicht (so) perfekt • 4 wie du es willst •
WS 3 1 Ah. 2 Huch. 3 Eh. 4. Ih. 5 Pü. 6. Nö. 7. Mh. 8. Puh. 9. Pst.
WS 5 1C • 2E • 3A • 4D • 5B • 6I • 7H • 8J • 9F • 10G
WS 6 der Laut, die Lautstärke / laut / leise • die Perfektion, der Perfektionist, die Perfektionistin / perfekt / dilettantisch • die Schönheit, der / die Schöne / schön / hässlich • die Fläche / flach / tief • die Strahlung / strahlend / matt • die Heilung, der Heiler, die Heilerin / heil / kaputt
GR 1 z. B. 1 ... nicht so viel arbeiten. • 2 ... weniger rauchen. • 3 ... mehr lesen. • 4 ... sich gesünder ernähren. • 5 ... Freizeit genießen.
GR 3 1 Schau! / Schauen Sie! / Schaut! • 2 Leb(e)! / Leben Sie! / Lebt! • 3 Sieh! / Sehen Sie! / Seht! • 4 Nimm! / Nehmen Sie! / Nehmt! • 5 Schrei! / Schreien Sie! / Schreit! • 6 Fühl! / Fühlen Sie! / Fühlt!
GR 4 1 An wen • 2 Worüber • 3 Auf wen • 4 Worauf • 5 An wen • 6 Woran • 7 Wofür • 8 Für wen
GR 5 z. B. Woran denkst du? Ich denke an meine Freundin. / Worüber erzählst du? Ich erzähle über den Film. Worauf hörst du? Ich höre auf die Botschaft des Liedes?

Lied 7 (S. 36-39)
Clueso (Lala)
1 richtig 4 / 5 / 7 / 8 / 10 • falsch 1 / 2 / 3 / 6 / 9
2 1 mit • 2 auf • 3 zusammen • 4 an • 5 (he)ran • 6 vor • 7 mit
3 1 Lovesongs • 2 laut • 3 das Radio • 4 Taschentücher • 5 sie passen nicht zusammen • 6 Gas • 7 verliebt • 8 Heimweh • 9 in seinem Kopf • 10 alle
WS 1 1 denken • 2 wird gespielt • 3 laut stellen • 4 weinen müssen • 5 offen zeigen • 6 nicht so viel investieren • 7 süß • 8 sich anschauen • 9 etwas nicht so ernst nehmen • 10 sich denken
WS 3 1 hassen • 2 sehr unterschiedlich sein • 3 leise • 4 der Hass • 5 bremsen • 6 traurig sein • 7 Fernweh • 8 allein • 9 Feinde • 10 böse, unangenehm, schlecht • 11 bekannt, vertraut • 12 einschlafen
WS 4 1 wird gezeigt • 2 tropft • 3 geht • 4 funktioniert • 5 tropft • 6 funktioniert • 7 hat begonnen • 8 macht keine Schwierigkeiten • 9 wird gezeigt • 10 ist gut gewachst, fährt sich gut
WS 5 z. B.
Angst / Glück / Geld / Idee / Auto / Hunger / Schnupfen / Zeit / Geduld / Prüfung / Hoffnung
WS 6 z. B.
Ordnung / Urlaub / Essen / Arbeit / Freude / Termin / Beute / Angst / Bett / Prüfung / Hoffnung
WS 7 z. B. 1 Lieder (Lovesongs) hören + schreiben + mitsingen • 2 Gas geben + reduzieren + fördern • 3 Spaß machen + haben + verderben • 4 Taschentücher brauchen + benutzen + wegschmeißen • 5 Heimweh haben + verursachen + bekämpfen • 6 Nase reiben + putzen + schnauben
GR 1 mitsingen • aufdrehen • zusammenpassen • anschauen • herankommen • vorstellen • mitnehmen
GR 2 1 passen zusammen • 2 schaut an • 3 wacht auf • 4 komme ran • 5 singe mit • 6 drehe auf • 7 stellt vor • 8 schläft ein • 9 gehe heim • 10 nehme mit
GR 4 1 Woran • 2 Woran • 3 Bei wem • 4 Über wen • 5 Worauf

Lied 8 (S. 40-43)
Clueso (Chicago)
1 1B • 2B • 3C • 4C • 5A • 6B • 7C • 8C • 9A • 10C
3 richtig 3 / 6 / 7 / 9 / 10 • falsch 1 / 2 / 4 / 5 / 8
4 richtig 1 / 2 / 3 / 5 / 6 • falsch 4 / 7 / 8 / 9 / 10
WS 1 1 meint in diesem Zusammenhang Drogen • 2 ein Ort / eine Ecke, wo sich Leute, die Drogen nehmen, immer treffen • 3 Drogen • 4 Drogen im Blut sein • 5 Utensil zur Zubereitung von Drogen
WS 2 z. B. 1 Bulimie (Magersucht) / zum Arzt gehen • 2 Alkoholsucht / Alkoholkonsum kontrollieren • 3 Computersucht / sinnvolle Freizeitgestaltung suchen •

4 Spielsucht / Therapie machen • 5 Tablettensucht / wirkliche Ursachen bekämpfen • 6 Drogen / eine Entziehungskur, eine Therapie machen
WS 3 1d • 2c • 3b • 4a • 5f • 6e • 7i • 8g • 9h
GR 1 1 satt sehen / träumen von / laufen durch / mitnehmen für / mitnehmen nach / treffen mit / treffen an / fließen durch • 2 träumt davon • 3 laufen durch • 4 nehme für • 5 nach mitnehmen • 6 treffe mit • 7 treffen an • 8 fließt durch
GR 2 Textbeispiel: wäre da gewesen • Gegenwart: Es wäre besser, wenn sie ...bitten würde / sprechen würde / nicht so verträumt wäre / ehrlicher wäre / machen würde • Vergangenheit: ... gebeten hätte / gesprochen hätte / gewesen wäre / gewesen wäre / gemacht hätte
GR 3 1 „... da, wo ..." = Relativsatz mit „wo" • 2 „Dort, wo..." und „... ist, sieht ..." = eingeschobener Relativsatz mit „wo" • 3 „... von dem und dem, denn ... " = Kausalsatz • 4 „... pflegt, pflegt ..." konditionaler Nebensatz vor Hauptsatz • 5 „Und jeden, den ..." und „trifft, erzählt ..." = eingeschobener Relativsatz und „... sie, sie ..." = Trennung Hauptsatz – Hauptsatz • 6 „dabei hast, nimmt ..." = konditionaler Nebensatz vor Hauptsatz

Lied 9 (S. 44-47)
Xavier Naidoo (Dieser Weg)
1 1 letzten • 2 paar • 3 leichter • 4 steiniger und schwerer • 5 kleiner
2 1b • 2a • 3c • 4c • 5b • 6a • 7c • 8c • 9a • 10c
3 1 die Straße • 2 zu mir • 3 am letzten Abend • 4 mit dem Schlüssel • 5 kein leichter, steinig, schwer • 6 nicht mit vielen • 7 der Augenblick • 8 klein • 9 treten, lieben, segnen dich • 10 dein Segel
WS 1 1 klang in mir nach • 2 einige wenige • 3 beschwerlich • 4 nicht übereinstimmen mit vielen • 5 das Leben ist abwechslungsreich • 6 ein Moment • 7 verstehen • 8 jemanden erniedrigen • 9 sich für jemanden opfern • 10 das Meer ist stürmisch
WS 2 1 „Klavier", weil Musikinstrument • 2 „Mond", weil Himmelskörper • 3 „Stunde", weil viel länger • 4 „steinig, felsig, sandig" meint einen „körnigen" Zustand • 5 „uneinig" ist das Gegenteil von den anderen • 6 „Wasser, See, Meer" sind flüssige Elemente • 7 aufgeben, weil am Ende nicht der Kontext „Tod" steht • 8 „bellen", weil das der Hund macht • 9 „einzelne", weil wenige, zählbar •10 „nehmen", weil man bei den drei anderen etwas bekommt
WS 3 z. B. 1 leer, sehr, mehr, wer • 2 der Tritt, der Ritt, mit • 3 war, der Zar, die Bar • 4 hing, das Ding, bring • 5 reden, von wegen, betreten • 6 kein, Wein, mein, sein • 7 Kind, das Rind, blind • 8 mausen, sausen, lausen
WS 5 z. B. 1 schwerer / langer / breiter / weiter / schmaler • 2 weiter / langer / mächtiger / kleiner / ängstlicher • 3 großer / erhabener / herrlicher / magischer / schöner / angenehmer
GR 1 ich gehe / bin gegangen • sie führt / hat geführt • du singst / hast gesungen • es spielt / hat gespielt • ich bin / bin gewesen • sie traten / haben getreten • sie liebten / haben geliebt • sie segneten / haben gesegnet • er brauste auf / ist aufgebraust • sie gaben auf / haben aufgegeben • er wurde / ist geworden • es bot / hat geboten • du setztest / hast gesetzt
GR 2 1a • 2b • 3b • 4c • 5a • 6c • 7a• 8b • 9c • 10c(Singular), b (Plural)
GR 3 1 ihn • 2 sie • 3 sie • 4 euch • 5 uns • 6 mich
GR 4 1mich • 2 dich • 3 sich • 4 sich • 5 sich • 6 uns • 7 euch • 8 sich
GR 5 1 ging • 2 führte • 3 sang • 4 spielte • 5 war • 6 wurde • 7 lief • 8 schrieb • 9 fuhr • 10 lasen

Lied 10 (S. 48-51)
Peter Fox (Haus am See)
1 richtig 1 / 3 / 4 / 5 / 9 / 10 • falsch 2 / 6 / 7 / 8
2 1 durch die Straßen • 2 Gesichter, Häuser, Läden • 3 die Sonne • 4 ein Frauenchor • 5 geradeaus • 6 20 Kinder • 7 neues Land •
8 Mamas • 9 eine Woche (jede Nacht) • 10 100 Enkel
3 1 die Sonne • 2 die Welt • 3 ein Frauenchor • 4 am Ende der Straße • 5 im Traum • 6 Schätze • 7 Frauen • 8 alle • 9 der Mond • 10 Orangenbaumblätter
WS 1 1 das Meer, der Fluss, der Regen, der Bach, die Pfütze • 2 das Ohr, die Nase, der Mund, die Stirn, die Wange • 3 der Stern, der Himmel, die Wolke, der Regenbogen, die Sternschnuppe • 4 die Mutter, die Oma, der Mann, die Großmutter, der Großvater • 5 gestern, der Monat, morgen, der Montag, der Sonntag • 6 der Sturm, der Orkan, der Gegenwind, der Taifun, die leichte Brise • 7 der Kaffee, die Limonade, der Apfelsaft, der Tee, die Milch • 8 die Eiche, die Kastanie, der Lindenbaum, der Kirschbaum, der Apfelbaum
WS 2 1 z. B. Ich kann den Stern sehen; Ich kann die Milch trinken; Ich kann den Bach hören; Ich kann den Kaffee riechen.
WS 3 Fahrradweg, Fußweg, Schleichweg, Radweg, Holzweg, ... • der Wegrand, die Wegstrecke, der Wegweiser, die Weggabelung, das Wegstück, ...
WS 4 1 a) nachholen, b) Holst ab, c) aufholen • 2 a) lehne zurück, b) ablehnen, c) lehnt ab
WS 5 1b • 2f • 3i • 4g • 6a • 7d • 8e • 9c
GR 1 1 läufst • 2 kennt • 3 wartet / warten • 4 blendet • 5 werden • 6 singt • 7 gewinnt • 8 suchen • 9 verliert • 10 feiert / feiern
GR 2 1 müssen weg • 2 gräbt aus • 3 lehne zurück • 4 Kommst vorbei / vorbeikommen • 5 Laufen geradeaus • 6 fliegt vorbei • 7 Gehen raus • 8 hole ab • 9 lade ein • 10 komme zurück • 11 fangen an
GR 3 1 sie • 2 Es • 3 ihr • 4 ihm • 5 ihnen • 6 ihn • 7 Er • 8 Er • 9 Er • 10 Ihn

Lied 11 (S. 52-53)
Die Ärzte (Junge)
1 1 nichts • 2 Dieter • 3 eine Festanstellung • 4 Löcher • 5 das Herz • 6 an der Uni • 7 für Tiere • 8 in der Nase • 9 die Texte • 10 Sorgen
2 1 an Dieter • 2 Onkel Werner • 3 um eine Festanstellung • 4 die Mutter • 5 sich an der Uni einzuschreiben • 6 für Tiere • 7 über den Lärm • 8 dass sie ihn enterben • 9 dass sie Drogen nehmen • 10 an die Zukunft und die Eltern
WS 1 1G • 2E • 3F • 4 C • 5A • 6B • 7H • 8D • 9J • 10I
WS 2 1 faul • 2 schmutzig • 3 sprachlos • 4 laut • 5 sorgenvoll • 6 niedlich • 7 vorbildlich • 8 erfolgreich
WS 4 z. B. Haare wie ein Kamm, Haare bunt, kaputte Sachen, schwarze Jacke aus Leder, Ringe in der Nase, schwarze Stiefel
GR 1 1 an • 2 an • 3 um • 4 für • 5 für • 6 über / bei • 7 vor • 8 von • 9 an

GR 2 1 Er soll / solle sich ein Beispiel an Dieter nehmen. • 2 Er soll / solle in die Werkstatt von Onkel Werner gehen. • 3 Er soll / solle sich nicht die Haare färben. • 4 Er soll / solle keine kaputten Hosen tragen. • 5 Er soll / solle seiner Mutter nicht das Herz brechen.

Lied 12 (S. 54-55)
Die Prinzen (Vergammelte Speisen)
1 1 vergammelte Speisen • 2 ein Bayer • 3 in Sachsen • 4 in Hessen • 5 in Schwaben
2 1 überhöht • 2 schlecht • 3 verschimmelt • 4 verdreckt • 5 vergammelt
WS 1 z. B. :1 mit Torten eincremen • 2 In Hamburg gibt`s Hamburger, die kannst du nicht essen. Da kannst du nur die Größe messen. • 3 In Berlin, da lebt der Bär, in Brandenburg der Stier. In anderen Ländern anderes Getier. • 4 auf dem Teller einen Berg • 5 können sich an der Nordsee aalen. • 6 trinkt man nur Bier statt Wein • 7 In alles kommt Schmant im schönen Saarland. • 8 Die Hummer verkümmern in den Sommern. Es ist zu heiß in Mecklenburg-Vorpommern. • 9 Dort gibt es Lachse, die an den Bäumen wachsen. • 10 In Rheinland-Pfalz schwimmt alles in Schmalz.
WS 2 1 das T-Shirt, das Zimmer, die Hose, die Kleidung, eine Ecke in einer Stadt • 2 das Brot, Lebensmittel • 3 das Brot, Lebensmittel, das Fleisch, die Zeit • 4 die Lampe, der Komet, die Augen, ein Gesicht vor Freude • 5 der Taucher, manche Vögel, der Wal, die Seerobbe
WS 3 Verniedlichung bzw. Verkleinerung • 1 Mäuschen • 2 Häuschen • 3 Bärchen • 4 Hörnchen • 5 Kläuschen • 6 Mariechen • 7 Brötchen • 8 Löckchen • 9 Schneeflöckchen
WS 4 1 schlecht geworden • 2 sehr teuer • 3 stinken • 4 ablehnen • 5 (hier) Essen wieder hochbringen • 6 zum Abschied die Hand bewegen • 7 raten • 8 nicht mehr genießbar • 9 schmutzig
GR 1 1 Eier, die schlecht riechen • Schweinehaxen, die leuchten • 3 Preise, die überhöht sind (zu teuer) • 4 Schaben, die winken • 5 Pilze, die verschimmelt sind • 6 ein Törtchen, das verdreckt ist • 7 ein Sandwich, das mit Asche bestreut ist / wurde • 8 ein Plätzchen, das in Fischöl getaucht wurde • 9 Lied, das gesungen wird • 10 ein Lied, das von den Prinzen komponiert wurde • 11 ein Lied, das selbst gereimt ist • 12 ein Musiker, der komponiert
GR 2 1 schlecht riechende Eier • 2 leuchtende Schweinehaxen • 3 überhöhte Preise • 4 winkende Schaben • 5 verschimmelte Pilze • 6 ein verdrecktes Törtchen • 7 ein mit Asche bestreutes Sandwich • 8 ein in Fischöl getauchtes Plätzchen • 9 ein gesungenes Lied • 10 ein von den Prinzen komponiertes Lied • 11 ein selbst gereimtes Lied • 12 ein komponierender Musiker
GR 3 z. B. 1 unverschämt • 2 nur am Abend • 3 seit gestern • 4 heißer • 5 mit Sand • 6 in der Ecke • 7 von uns • 8 wesentlich • 9 zu uns herüber... • 10 von der Mutter

Lied 13 (S. 56-57)
Roland Kaiser (Wind auf der Haut und Lisa)
1 1 der Mond • 2 rot • 3 wild • 4 blond • 5 goldfarben • 6 glücklich • 7 lang • 8 total • 9 gern • 10 schön
2 richtig 1 / 4 / 6 / 7 / 10 • falsch 2 / 3 / 5 / 8 / 9#
WS 1 Mensch / Körper: die Haut, der Mund, das Haar, das Herz, das Auge, das Ohr, die Nase • Natur: der Wind, der Fluss, der Weg, das Feld, der Frühling, der Stern
WS 2 1 das Kornfeld • 2 das Fußballfeld • 3 der Mondschein • 4 die Haarsträhne • 5 der Flussarm • 6 die Kusshand • 7 der Hautarzt / -pilz • 8 die Jahreszeit • 9 das Windspiel / -licht • 10 der Glückspilz • das Liebesspiel (andere Varianten z. B. die Glückssträhne, der Glückspilz, die Mondzeit usw.)
WS 3 1 Blätter entfalten / verblühen • 2 angenehm richen / stinken • 3 leise sprechen/ schreien • 4 entgegenlaufen / weggehen • 5 nicht weitergehen / liegen • 6 jemanden mögen / hassen • 7 von etwas berichten / schweigen • 8 auseinandergehen / sich verbinden, zusammenkommen
GR 1 blühe / blühst / blüht / blühen / blüht / blühen • stehe / stehst / steht7stehen / steht / stehen • höre / hörst / hört / hören / hört / hören • sage / sagst / sagt / sagen / sagt / sagen • denke / denkst / denkt / denken / denkt / denken
GR 2 1 Präsens • 2 Präteritum • 3 Perfekt • 4 Präsens • 5 Präteritum • 6 Präsens • 7 Präsens • 8 Präsens • 9 Präsens • Präsens

Lied 14 (S. 58-59)
Silbermond (Irgendwas bleibt)
1 1B • 2B • 3C • 4A • 5C • 6B • 7C • 8C
WS 1 1A • 2C • 3A • 4C • 5A • 6B • Jemand, der diese Formulierungen benutzt, sucht nach Ruhe, Beständigkeit, Sicherheit. Er / Sie sucht Ordnung und Orientierung.
GR 1 1 Irgendwo • 2 Irgendwann • 3 Irgendwann • 4 Irgendwas • 5 irgendwohin • 6 Irgendjemand • 7 Irgendeinem • 8 Irgendwie • 9 Irgendwelche • 10 Irgendeinen
GR 2 1 Dieser • 2 dem / beim • 3 einer • 4 dieser • 5 den • 6 Einem • 7 Die / dem • 8 einer

Lied 15 (S. 60-61)
Sido (Augen auf)
1 1 sechs (6) • 2 zwölf (12) • 3 dreizehn (13) • 4 sechsundfünfzig (56) • 5 sechs (6) • 6 acht (8) • 7 zehn (10) • 8 achtzehn (18)
2 1 der Mittelpunkt • 2 ein Hilfeschrei • 3 Mama / Papa • 4 Ecstasy (Extasy), Kokain, Alkohol (Tequila) • 5 Wunschkind • 6 in der Babyklappe • 7 im Heim • 8 man nicht zu gebrauchen ist • 9 es zu erziehen • 10 Geld machen / Probleme erkennen / da sein / zuhören / Liebe zeigen
WS 1 1 weglegen / bekommen / zeigen / hören • 2 bekommen / hören / zeigen • 3 bekommen / hören • 4 stehen / schieben • 5 bekommen / anfangen / schieben • 6 austreiben • 7 anfangen • 8 zeigen
GR 1 1 stand / hat gestanden • 2 ging / ist gegangen • 3 bekam / hat bekommen • 4 wuchs auf / ist aufgewachsen • 5 hatte / hat gehabt • 6 war / ist gewesen • 7 sagte / hat gesagt
GR 2 1 niedlich • 2 Tochter • 3 Party • 4 Alkohol • 5 sagen • 6 auf • 7 ertragen • 8 haben • 9 lernen • 10 zeigen

@ 1. Gerhard Schöne (In die Federn, husch), (S.14)
Internetseite www.blinde-kuh.de oder (http://www.br-online.de/kinder/fragen-verstehen/wissen/2004/00428/)

1. Was werden wir alle irgendwann einmal?	müde
2. Wie lange schlafen Babys und wie verarbeiten Sie die vielen Eindrücke?	16 Stunden, indem sie viel schlafen
3. Wer ist der Chef über den Schlaf? Was sendet er aus und das ist, „ …"?	die Zirbeldrüse, Melatonin, das ist „eine Art Schlafmittel"
4. Was wird ruhiger, entspannt sich, wer ruht sich aus und was sinkt?	- Atem wird ruhiger - Muskeln entspannen sich - Organe ruhen sich aus - Körpertemperatur sinkt
5. Was wird nochmal angeschaut"? http://www.br-online.de/kinder/fragen-verstehen/wissen/2006/01637/index.shtml	5. was wir am Tag erlebt und gesehen haben
6. Warum ist träumen wichtig?	einziger Zustand, in dem man alles spielerisch ausprobieren kann
7. Wer wird ausgeschaltet?	Verstand ist ausgeschaltet
8. Wobei kann das Träumen helfen?	beim Lösen von Problemen
9. Wie viele Schlafphasen gibt es und wie heißen sie?	zwei, Tiefschlafphase und REM-Phase
10. In welcher Phase träumen wir?	REM-Phase
11. Welche Einschlaftipps finden Sie gut? Sprechen Sie darüber mit Ihrem Nachbarn. Geben Sie selber Tipps!	z. B. jeden Tag um die selbe Zeit ins Bett gehen, keine aufregende Filme vor dem Schlafen sehen, …

@ 2. Herbert Grönemeyer (Mensch), (S.18)
Internetseite www.wikipedia.de oder (http://de.wikipedia.org/wiki/Herbert_Gr%C3%B6nemeyer)

1. Geburtstag / Geburtsort	12.April 1956, Göttingen
2. Wie alt war er, als er Klavier lernte?	8 (acht)
3. Was ist sein zweites großes Interesse neben der Musik?	Fußball
4. In welchen Filmen hat er mitgespielt? (5)	z. B. - „Das Boot" - „Väter und Söhne" - „Von Tag zu Tag" - „Frühlingssinfonie" - „Die Geisel"
5. Wann stellten sich erste große musikalische Erfolge ein und mit welchem Album?	1984, Album „4630 Bochum"
6. Welches sind weitere Alben und wann wurden sie veröffentlicht?	z. B. - 1979 „Grönemeyer" - 1981 „Zwo" - 1982 „Total egal" - 1983 „Gemischte Gefühle" - 1984 „Bochum" - 1988 „Ö" - 1991 „Luxus" - 2002 „Mensch"
7. Welche ist die bislang erfolgreichste Single?	Single „Mensch"
8. Wie hieß das offizielle Lied zur Fußball – Weltmeisterschaft 2006? Schauen Sie sich das Video an unter www.youtube.de.	„Zeit, dass sich was dreht"

@ 3. Ganz Schön Feist (Es ist gut, wenn du weißt), (S.22)
Internetseite www.ganzschoenfeist.de oder www.wikipedia.de

1. Seit wann gibt es die Band?	Ende der 80-er Jahre
2. Aus welcher Stadt kommt die Band?	Göttingen
3. Wie viele Alben hat die Gruppe veröffentlicht?	bis jetzt 10
4. Wie heißt das jüngste Album?	(Aphrodisiakum 2007)
5. Wie alt ist der Titel „Es ist gut, wenn du weißt, was du willst"	1991, auf dem Album „Deutscher Rockpreis" das erste Lied, (2009) 2009 =18 Jahre alt
6. Wo werden sie demnächst auftreten?	Ergebnis s. Website www.ganzschoenfeist.de Stichpunkt „Tour"
7. Was kosten die CDs?	Stand 2009: zwischen 14,- und 16,- €
8. Was ist der Stil der Band? Welche drei Wörter stecken in diesem Begriff?	„Popacapellacomedy", Pop, Acapella(-Gesang) und Comedy
9. Lesen Sie den Text „Berg und Tal" von der CD „Hüa". Hören Sie in die Kostprobe. Wie verwirklicht sich hier der Stil „Popacapellacomedy"?	Mögliche Antworten: Rhythmus wie Popmusik, nur mit dem Mund = Acapella-Gesang, Comedy = die im Text beschriebene Situation (Mann trennt sich, als die zukünftige Exfrau im Lotto gewinnt)
10. Vergleichen Sie Ihre Ergebnisse mit Ihrem Nachbarn.	

@ **4. Die Fantastischen Vier (MfG),** (S. 26)

Internet www.wikipedia.de bzw. http://de.wikipedia.org/wiki/Hip-Hop und http://de.wikipedia.org/wiki/Hip-Hop-Jargon

1. Was könnte „Hip" und was „Hop" heißen? (www.leo.de)	Hip = auf dem Laufenden sein über Hop = a) Hopfen, Rauschgift, high machen; b) aufputschen, Hopfen zupfen
2. Was sind Merkmale von Hip-Hop? http://de.wikipedia.org/wiki/Hip-Hop	der Rap (Sprechgesang), das Samplen (Ton-Musikaufnahme in einem anderen Musikstück verwenden), das Scratchen (Töne erzeugen durch rhythmisches Hin- und Herbewegen der Schallplatte auf dem Schallplattenspieler)
3. Was gehört noch zum Lebensstil des Hip-Hops?	Jugendkultur (Rap, D-Jing, B-Boying und Graffiti-Writing)
4. Wann und wo wurde Hip-Hop erfunden?	1970-er Jahre, Ghettos der USA
5. Nennen Sie Vertreter des Hip-Hops aus den 80-er, 90-er Jahren und der Gegenwart.	- 1980 Grandmaster Flash, The Furious Five, Afrika Bambaataa, Beastie Boys, Run-D.M.C., Public-Enemy - 1990 Left-Eye, Dr.Dre, Snoop Doggy Dogg, 2Pac - Eminem, D12, 50 Cent, G Unit
6. Was heißt „biten" unter Rappern? Warum sind die meisten Begriffe des Hip-Hop-Jargons aus dem Englischen? http://de.wikipedia.org/wiki/Hip-Hop-Jargon	-beißen, abkupfern, kopieren, nachahmen von Texten, Styles und Flows anderer MCs oder Writers - weil es aus den USA kommt
7. Nennen Sie ein deutsches Hip-Hop-Magazin. Finden Sie es im Netz.	z. B. Juice, Backspin
8. Welche Hip-Hop-Musiker gibt es neben den „Fantastischen Vier" in Deutschland? Finden Sie ein Hörbeispiel auf einer Internetseite.	Fettes Brot, Sido, Bushido, Eko Fresh, Jan Delay, Afrob
9. Kennen Sie Hip-Hop-Bands oder Sänger aus Ihrem Heimatland? Wählen Sie aus und stellen Sie vor?	

@ **5. Tokio Hotel (Monsun),** (S. 30)

Internet www.wikipedia.de und http://de.wikipedia.org/wiki/Tokio_Hotel sowie http://www.mytokio.de/ubers-ende-der-welt-live-video/

1. Wer gehört zur Band? http://de.wikipedia.org/wiki/Tokio_Hotel	Gesang: Bill Kaulitz, Gitarre: Tom Kaulitz, Bass: Georg Listing, Schlagzeug: Gustav Schäfer (2009)
2. Woher stammen die Bandmitglieder?	Magdeburg
3. Was soll mit dem Bandnamen assoziiert werden?	Assoziationen zum Japan Rock, Anleihen aus der Visual – Kei – Subkultur
4. Wie heißt das erste Album und welche Titel sind auf diesem Album?	Album „Schrei", Titel: Durch den Monsun, Schrei, Rette mich, Freunde bleiben, Ich bin nicht ich
5. Wie ist die „öffentliche Wahrnehmung"?	Einerseits: wird als „Teil einer gut ausgedachten Marketing – Strategie" wahrgenommen Anderseits: wird als „authentisch" wahrgenommen
6. Suchen Sie im Internet nach Foren zu Tokio Hotel. Welche Meinungen gibt es? Nennen Sie Pro und Kontra Beispiele. Z. B. http://www.mytokio.de/ubers-ende-der-welt-live-video/	z. B. Pro: - Bill4eva „soooooooo endgeil omg Bills sah sooooo geil aus!!!" - Was bist du denn für ein Arsch du bist bestimmt auch einer der nur neidisch auf die Jungs ist …" Kontra: - Anonymer Insider „Hier ein paar unangenehme Fakten über Tokio Hotel, … diese Gruppe ist durch und durch eine Verarschung …"
7. Schauen Sie sich ein Video bei http://de.youtube.com/ an. Was denken Sie über die Band? Formulieren Sie Ihre Meinung. Begründen Sie.	

@ 6. Christina Stürmer (Lebe lauter), (S. 34)

Internet www.wikipedia.de oder www.blindekuh.de, www.geolino.de, www.google.de

1. Was heißt „nicht für die perfekte Figur leben"? Auf welche Krankheit spielt hier Christina Stürmer an?	Bulimie oder Magersucht
2. Welche Überschriften tragen die Beiträge, die Sie gefunden haben?	„Iss was?! – Dick und Dünn"/ „Essstörungen"/ „Schönheit kotzt mich an"/ „Top-Model starb an Magersucht"/ „Hausverbot für Mager-Models"
3. Welche Synonyme gibt es für diese Krankheit? Wozu gehören diese zwei Krankheiten?	- Bulimie = Ess-Brechsucht, Ochsen- bzw. – Stierhunger - Magersucht = Anorexia nervosa - gehören zu den „Essstörungen"
4. Wählen Sie einen Beitrag aus und fassen Sie die wichtigsten Informationen zusammen. (Nutzen Sie Redemittel der Textzusammenfassung.)	
5. Finden Sie Hilfe oder Ansprechpartner in Deutschland? Wenn ja, welche? Und in Ihrem Heimatland?	Selbsthilfeorganisationen, Suchtberatungsstellen, z. B. http://www.bzga-essstoerungen.de/beratungsstellen.htm Suchtberatung in Dresden
6. Gibt es Lieder über das Thema „Bulimie", „Magersucht" in Ihrem Heimatland. Kennen Sie andere Lieder. Ist das Problem auch in Ihrem Heimatland aktuell?	- Simple Plan „grazy" (Kanada) - Silverchair „Anas song" (Australien) - TicTacToe „Der Spiegel" (Deutschland) - Lafee „Du bist so schön" (Deutschland)
9. Welche Gründe könnte es dafür geben, dass man so schlank sein will?	- „Vorbild" der Werbung - Models sehr schlank
10. Informieren Sie Ihren Nachbarn über die Ergebnisse. Tauschen Sie sich aus.	

@ 7. Clueso (Lala), (S. 38)

Internet www.wikipedia.de oder www.clueso.de

1. Wie alt ist Clueso?	(09.April 1980) 2009 = 29 Jahre alt
2. Wie viele Alben und Singles hat Clueso schon veröffentlicht?	Alben (Stand 2008) fünf Singles (Stand 2008) 14
3. Wie heißt die CD/Single zum Film „Leroy"?	Lala (Ich bin verliebt)
4. Wie heißt das 4. Studioalbum, das er 2008 veröffentlicht hat?	So sehr dabei
5. Wann spielt er in..................?	
6. Wer gehört alles zu seiner Band?	Norman Bates, Christoph Bernewitz, Daniel Bätge, Philipp Milner, Paul Tetzlaff, DJ Malik, Christian Kohlhaas
7. Kontaktwünsche sind an (Clueso Management) zu richten?	Telefon/Fax:
8. Was kostet ein Lady-Kapuzen-Pullover?	(Stand 2009) 40,- €

@ 8. Clueso (Chicago), (S. 42)

Internet www.blinde-kuh.de

1. Geben Sie den Suchbegriff „Sucht" ein. Lesen Sie. Was ist bei diesem Wort zu unterscheiden?	1 die Sucht = Nomen 2 er / sie / es sucht = konjugiertes Verb
2. Suchen Sie den Beitrag von „AOK Kindermagazin" http://www.jolinchen.de/rd/225.php	
3. Was kann alles süchtig machen? (5 Beispiele)	Fernsehen, Essen, Naschen, Spielen, Alkohol, Medikamente, Drogen
4. Was heißt „süchtig sein"?	abhängig sein
5. Wie viele Schritte gibt es, bis man „Sucht" entwickelt?	1. probieren, 2. ab und zu tun, 3. in bestimmten Situationen tun, 4. daran gewöhnen, 5. immer öfter tun, 6. nicht mehr lassen können
6. Welche Dinge spielen eine Rolle, ob man süchtig wird?	1. du selbst 2. Menschen, mit denen du zusammen bist 3. dein Umfeld 4. das Suchtmittel selbst
7. Was schützt vor Abhängigkeit, was ist für dich das wichtigste?	Es gehört dazu, dass du dich magst, du dir was zutraust, auf deine Gefühle hörst usw.
8. Was ist wichtig, wenn man Zigaretten, Alkohol oder andere Drogen angeboten bekommt?	Nein sagen können.

@ 9. Xavier Naidoo (Dieser Weg), (S. 46)

Internet www.gwikoogle.de oder / und http://de.youtube.com/watch?v=eQHmx26p3A0&feature=related

1. Geben Sie bei www.google.de die Stichpunkte „fußball+lied+dieser weg" ein. Lesen Sie nur die Überschriften der Ergebnisse.	- erfolgreichster Fußballhit aller Zeiten - Emotionstraining - großartiges Lied
2. Wählen Sie einen Artikel aus. Notieren Sie Stichpunkte zu den Hauptaussagen des Artikels.	
3. Hören Sie das Lied und sammeln Sie Spieler der deutschen Fußballnationalmannschaft. Wer hat zur Fußball-WM 2006 mitgespielt? http://de.youtube.com/watch?v=eQHmx26p3A0&feature=related	Michael Ballack, Torsten Frings, Miroslav Klose, Lukas Podolski, Jens Lehmann, Philipp Lahm, Bastian Schweinsteiger, Peer Mertesacker, Christoph Metzelder, Sebastian Kehl, Bernd Schneider, Arne Friedrich, David Odonkor, Tim Borowski, Robert Huth, Mike Hanke, Marcel Jansen, Jens Nowotny, Thomas Hitzlsperger, Oliver Kahn, Timo Hildebrand, Oliver Neuville, Gerald Asamoah
4. Welche Lieder zum Fußball finden Sie noch? Notieren Sie Ergebnisse und Internetverweise (Internetadressen).	- Max Raabe „Schieß den Ball ins Tor" - Sportfreunde Stiller „54,74,90,2010" - Revolverhelden „Helden 2008" - Christina Stürmer „ Fieber" -„You ´ll never walk alone"
5. Finden Sie weitere Informationen (Videos, Texte usw.) zu einem Sänger oder Interpreten? Stellen Sie einen vor.	

@ 10. Peter Fox (Haus am See), (S. 50)

Internet http://de.wikipedia.org/wiki/Peter_Fox oder http://de.wikipedia.org/wiki/Seeed

1. Wer ist Peter Fox?	Geboren 1971, Mutter französische Baskin, Solosänger, Sänger der Band „Seeed", richtiger Name Pierre Baigorry, Pseudonyme sind „Enuff" und „Peter Fox"
2. Was sind die Erfolge von Peter Fox?	Die 1Live Krone, Echo-Preise 2009 in Kategorie Hip Hop, Kritikerpreis und als Produzent des Jahres, 1. Platz beim Bundes Vision Contest 2009
3. In welcher Gruppe ist er auch Sänger?	Seeed
4. In welchen Ländern ist Seeed bis jetzt erfolgreich gewesen und wo hatten sie als erste deutschsprachige Band einen Nummer eins Hit gehabt?	- Frankreich - Jamaika - Trinidad und Tobago - Belgien - Italien
5. Schauen Sie sich ein Video /einen Liveauftritt von Seeed an, z. B. http://www.myspace.com/seeed „Seeed Live in Karlsruhe". Wie finden Sie die Musik und das Konzert? Würden Sie auch zu Seeed gehen und warum oder warum nicht?	
6. Wer hat den 2. Platz beim Bundesvision Song Contest 2009 erzielt? Woher kommt die Band und in welcher Sprache singt diese Band?	-Polarkreis 18 -Sachsen -Englisch

@ 13. Roland Kaiser (Wind auf der Haut und Lisa), (S. 57)

Internet www.google.de oder www.wikipedia.de oder www.roland-kaiser.de und www.youtube.de

1. Wo suchen Sie nach Informationen über Roland Kaiser?	bei google.de, wikipedia.de, roland-kaiser.de,
2. Wo können Sie sich Musik von ihm anhören?	youtube.de
3. Wie gefällt Ihnen die Musik? Suchen Sie Adjektive, um die Musik zu beschreiben?	z. B. schnulzig, langweilig, nett, angenehm usw.
4. Welcher Musikstil ist das?	Schlager, Pop
5. Sammeln Sie biografische Daten. (Geburtstag, Geburtsort, richtiger Name, Start der musikalischen Karriere, usw.)	-10.Mai 1952 -Berlin -Ronald Keiler -kaufmännische Lehre -Werbeleiter eines Autohauses -1974 erste Single
6. Mit welchem Lied kam der kommerzielle Durchbruch?	„Sieben Fässer Wein"
7. Was sind andere erfolgreiche Lieder? Sammeln Sie die Namen. Worum geht es wahrscheinlich in allen Liedern?	- Santa Maria - Lieb mich ein letztes Mal - Dich zu lieben - Manchmal möchte ich schon mit dir Es geht wahrscheinlich meistens um Liebe, Schmerz, Abschied, Neuanfang usw.
8. Tauschen Sie die Ergebnisse mit Ihrem Nachbarn aus.	

9. Mit welchem Sänger oder welcher Sängerin ist Roland Kaiser aus Ihrem Heimatland zu vergleichen?	

@ 14 Silbermond (Irgendwas bleibt), (S. 59)
Internet www.wikipedia.de

1. In welcher Sprache sangen sie zuerst und wann entstanden die ersten deutschen Lieder?	Englisch, Herbst 2001
2. Wer spielt in der aktuellen Besetzung?	Stand 2009, Stefanie Kloß, Johannes Stolle, Thomas Stolle, Andreas Nowak
3. Ab wann traten sie als „Silbermond" auf?	Juni 2002 („...im Mai 2002 auf dem Hutberg ...einen Monat später...")
4. Wie viele Alben haben sie bis jetzt veröffentlicht und welche?	(Stand 2009) 2004 Verschwende deine Zeit, 2006 Laut gedacht, 2009 Nichts passiert
5. Auf welchem Album ist „Irgendwas bleibt"?	Nichts passiert (s. Singles)
6. Lesen Sie den Text, notieren Sie und singen Sie mit. http://www.youtube.com/watch?v=BQCLSDdQxLg	
7. Gefällt Ihnen das Lied? Begründen Sie.	Ja: Nein:
8. Tauschen Sie sich mit Ihrem Nachbarn aus.	

@ 15 Sido (Augen auf), (S. 61)
Internet www.wikipedia.de

1. Welche Musik macht Sido?	Hip Hop
2. Wo wuchs Sido auf?	Berlin / Märkisches Viertel / Bezirk Reinickendorf / Hochhausviertel
3. Wie heißt er mit bürgerlichem Namen? Was ist der Name „Sido"?	- Paul Würdig - Künstlername
4. Was sind seine bisher größten Erfolge?	- das Lied „Mein Block" (180000 Mal verkauft) - das Album „Ich" (in zwei Tagen 100000 Mal verkauft) Auszeichnungen mit dem Preis „Goldene Schallplatte"
5. Wie lange trug Sido seine Maske? Was ist sie jetzt für ihn?	bis Februar 2005, sein Markenzeichen
6. Lesen Sie den Text, notieren Sie und singen Sie mit (Karaoke-Version) http://www.youtube.com/watch?v=zTNTi5r9klM Worum geht es im Lied?	
7. Gefällt Ihnen das Lied? Begründen Sie. Notieren Sie Stichpunkte	Ja: Nein:
8. Tauschen Sie sich mit Ihrem Nachbarn aus.	

Interpret	Tonträger / Lied	Musik-richtung	Thema
Blumenfeld	CD „Testament der Angst“, Lied „Diktatur der Angepassten“	Rock	Selbstfindungsprozess der Jugend, Abgrenzung der Jugend
Roger Cicero	CD „Männersachen“, Lied „Zieh die Schuhe aus“	Pop/Jazz	Männern und Frauen und deren Konflikte (witzig)
Echt	CD „Echt“, Lied „Du trägst keine Liebe in dir“	Pop	Abschied nach einer Liebe und das Hin und Her danach
Fettes Brot	Lied „Emanuela“	Hip Hop	Vergebliche Liebesmüh
Freundeskreis feat. Udo Lindenberg	Lied „You can't run away“	Hip Hop/ Poprock	ein Lied vom „zu sich selber Finden“
Juli	Lied „Perfekte Welle“	Poprock	Veränderung versuchen, Mut haben sich zu verändern
Udo Jürgens	Lied „Urlaub im Süden“	Schlager	Deutsches Urlaubs- und Reiseverhalten der 70-, 80-iger Jahre (amüsant)
Karat	CD „Der blaue Planet“, Lied „Jede Stunde“	Rock	poetisches Lied über die Liebe am Leben
Reinhard Lakomy	CD „Der Wasserkristall“	Kinderlieder	Umwelt/Müll/ Wasserkreislauf
Reinhard Lakomy	CD „Der Regenbogen“	Kinderlieder	Freundschaft
Udo Lindenberg	Lied „Ein Herz kann man nicht reparieren“	Pop	Liebesschmerzen (90-iger Jahre Pop)
Annett Lousian	CD „Teilzeithippie“ Lied „Drück die eins“	Chanson/ Pop	Telefonseelsorge mal anders (schönes Video), Zusammenarbeit mit Physiklehrer
Nana Mouskouri	Lied „Guten Morgen, Sonnenschein“	Schlager	schönes Mitsinglied, einfacher Text, zum zwischen den Zeilen Lesen geeignet
Nena	CD „Nena Feat. Nena“, Lied „99 Luftballons“	Pop	Vergleich der alten und der neuen Version von 99 Luftballons

Interpret	Tonträger / Lied	Musik-richtung	Thema
Rio Reiser	Lied „Junimond“, auch Coverversion von der Gruppe “Echt”	Rock	Liebeslied, eines der schönsten der deutschen Sprache
Seeed	CD „Next“, Lied „Aufstehn“	Hip Hop	ein „Guten Morgen Lied“ am Anfang des Unterrichts mit deutschem und englischem Text, geeignet für A1 mit Englischkenntnissen
Silly	CD „Mont Klamott“, Lied „Abendstunden“	Rock	Zeit zum Innehalten, Depressionen
Sportfreunde Stiller	CD „Burli“, Lied „Laut anhören“	Rock	Sag, was du denkst
Stephan Sulke	Lied „Ich wollte Ihnen nur mal Danke sagen“	Chanson	Ein „Dankelied“ an die Lehrer und Lehrerinnen
Die Toten Hosen	CD „Die Roten Rosen“	Punk	Weihnachtslieder mal anders
Farin Urlaub	CD „Am Ende der Sonne“, Lied „Unter Wasser“	Rock/Punk	verrückte Träume, Meer als Symbol des Lebens und des Totes, Konjunktiv II
Herman van Veen	Lied „Anders anders“	Chanson	das Anderssein (Training Komparativ)
Wir sind Helden	Lied „Denkmal“	Rock	Umgang mit Vorbildern
Rolf Zuckowski	CD „Der kleine Tag“	Kindermusical	Themen z.B. Nachbarn, Wohnortwechsel, Dinge des Alltags, Konflikt Vater- Sohn
Dieter Faber, Frank und Rale Oberpichler	CD „Do Re Mi Kikeriki“ Lied „Geburtstagstorte“	Kinderlieder	Musik zu den herrlichen Kinderbüchern von Sven Nordquist, schön zum Mitsingen in A1

Redemittel-Sammlung (einfach)

Empfehlung: Ich empfehle dir .../ Es ist gut, wenn du ... / Du solltest ... / Es wäre besser, wenn du ... / Du könntest ja mal ... / Ich würde an deiner/Ihrer Stelle ....

Eigene Meinung: Ich bin der Meinung, dass ... / Ich denke, dass ... / Ich meine, dass ... / Ich finde, dass ... / Mein Standpunkt dazu ist, dass ... / Meiner Meinung nach fehlt ... /ist ...

Vermutung: Ich vermute, dass ... / Vermutlich ... / Wahrscheinlich ... / Ich bin mir nicht sicher, aber es könnte sich um ... handeln/drehen / Möglicherweise ist ... / Es könnte sein ...

Statistik: Auf dem ersten Platz steht ... / Auf dem zweiten/nächsten/folgenden Platz kommt ... / Ich bin überrascht, dass ... / Interessant ist, dass ... / Am Ende/Auf dem letzen Platz steht ...

Textzusammenfassung: Der Text heißt ... / Er informiert über ... / Im Text steht ... / Eine weitere Information ist, dass ... / Zum Schluss ...

Referat/Vortrag: Ich spreche heute über ... / Ich habe meinen Vortrag in ... Teile gegliedert. / Zuerst spreche ich über ..., dann über ... und zum Schluss über ... / Ich komme nun zu ... / Ich komme nun zum zweiten Teil ... / Nun zum letzten Punkt: ... / Ich möchte meine Ausführungen über ... damit beenden, dass ...

Internetseiten für legale Downloads

Musicstores im Internet: www.musicload.de / www.karstadt.de / www.iTunes / www.medion.com / www.connect-europe.com www.t-online.de / www.aol.de / www.mediamarkt.de / www.musicstar.de / www.musik.nokia.de / www.napster.de / www.jamba.de

Quellenverzeichnis der Audio-CD

Lied 1: LC-06312 Gerhard Schöne: In die Federn husch, husch von der CD „Jule wäscht sich nie" (1997, BuschFunk Musikverlag GmbH, Berlin)

Lied 2: LC-06213 Herbert Grönemeyer: Mensch von der CD „Mensch" (2002, EMI Music Germany GmbH & Co. KG)

Lied 3: LC-06842 Ganz Schön Feist: © Es ist gut, wenn du weißt, was du willst (Komponisten: Beo Brockhausen, Mathias Zeh; Textdichter: Mathias Zeh)

Lied 4: LC-02604 Die Fantastischen Vier: MfG – Mit freundlichen Grüßen von der CD „4:99" (1999, Sony Music Entertainment Germany GmbH)

Lied 5: LC-00309 Tokio Hotel: Durch den Monsun von der CD „Schrei" (2005, Polydor, Universal Music GmbH)

Lied 6: LC-00309 Christina Stürmer: Lebe Lauter von der CD „Lebe Lauter" (2006, Polydor, Universal Music GmbH)

Lied 7: LC-15305 Clueso: Lala. Ich bin verliebt, Titelsong zum Film „Leroy" (2007, Universal Music GmbH)

Lied 8: LC-15305 Clueso: Chicago von der CD „Weit weg" (2006, Universal Music GmbH)

Lied 9: LC-117015 Xavier Naidoo: Dieser Weg von der CD „Telegramm für X" (2005, naidoo records GmbH)

Lied 10: LC-14666 Peter Fox: Haus am See von der CD „Stadtaffe" (Warner Music Group Germany GmbH, 2008)